北京邮电大学规划建设教材

区块链导论

毕伟 雷敏 贾晓芸 主编

北京邮电大学出版社
www.buptpress.com

内 容 简 介

本书全面介绍了区块链的基础理论及其应用背景。全书共分为九章,内容包括区块链技术发展、区块链的特点、区块链的系统框架、区块链中的密码学技术、区块链中的共识机制、比特币详解、智能合约的原理和应用、区块链中存在的常见问题以及区块链应用案例和应用前景。每章还包括有针对性的思考题。

本书作为区块链领域的导论图书,广泛适用于区块链领域入门的读者,可作为区块链领域的管理人员、科研人员和工程技术人员等,以及相关专业本科生和研究生的入门参考书。

图书在版编目(CIP)数据

区块链导论 / 毕伟,雷敏,贾晓芸主编. -- 北京:北京邮电大学出版社,2019.6 (2023.9重印)

ISBN 978-7-5635-5741-7

Ⅰ.①区… Ⅱ.①毕… ②雷… ③贾… Ⅲ.①电子商务-支付方式-高等学校-教材 Ⅳ.①F713.361.3

中国版本图书馆 CIP 数据核字(2019)第 114213 号

书　　名	区块链导论
作　　者	毕伟　雷敏　贾晓芸
责任编辑	廖　娟
出版发行	北京邮电大学出版社
社　　址	北京市海淀区西土城路 10 号(邮编:100876)
发 行 部	电话:010-62282185　传真:010-62283578
E-mail	publish@bupt.edu.cn
经　　销	各地新华书店
印　　刷	北京虎彩文化传播有限公司
开　　本	720 mm×1 000 mm　1/16
印　　张	5.75
字　　数	113 千字
版　　次	2019 年 6 月第 1 版　2023 年 9 月第 3 次印刷

ISBN 978-7-5635-5741-7　　　　　　　　　　　　　　　定 价:23.00 元
· 如有印装质量问题,请与北京邮电大学出版社发行部联系 ·

前　言

近年来，区块链技术受到广泛关注。区块链具有去中心化、集体维护、可编程、时序数据、安全可信和准匿名等特性，区块链技术在金融、供应链、知识产权保护等众多方面得到应用。

当前介绍区块链的图书很多，有些图书介绍区块链在某一个行业的应用，有些图书介绍区块链某些技术点。而本书为区块链领域导论图书，将从区块链概述、系统框架及技术、比特币运行流程、密码学技术、共识算法和智能合约等方面介绍区块链技术，同时对区块链的常见问题、应用案例和区块链的安全问题进行介绍。通过本书可以全面了解区块链的概念、所用技术及应用案例，并通过区块链的安全机制了解区块链存在的安全问题。

本书具有如下特点：

（1）可读性强。本书尽量避免出现大量的技术细节，各个章节尽量保持独立性和完整性，内容更加浅显易懂。

（2）逻辑体系清晰。全书逻辑清晰，有助于读者在把握"森林"的同时，也能深入了解"树木"。

（3）读者对象广泛。本书广泛适用于区块链领域入门的读者，也适合区块链领域的管理人员、科研人员和工程技术人员等。

本书在编写过程中，参考了国内外大量区块链的资料，李晨阳、陈世优、韦早裕、车碧琛等为本书收集整理大量素材，在此表示感谢。

由于编者能力有限、时间仓促，书中难免有不妥之处，欢迎批评指正。

作　者
2019 年 1 月

目　　录

第1章　区块链技术发展 ·· 1
　1.1　技术演进 ··· 1
　　1.1.1　技术起源 ·· 1
　　1.1.2　区块链1.0 ······································· 3
　　1.1.3　区块链2.0 ······································· 3
　　1.1.4　区块链3.0 ······································· 4
　1.2　特点分析 ··· 4
　1.3　应用模式 ··· 5
　　1.3.1　公有链 ·· 5
　　1.3.2　私有链 ·· 6
　　1.3.3　联盟链 ·· 6
　思考题 ··· 7

第2章　区块链系统框架及技术 ··································· 8
　2.1　数据层 ··· 9
　　2.1.1　数据区块 ·· 9
　　2.1.2　链式结构 ·· 9
　　2.1.3　时间戳 ·· 10
　　2.1.4　哈希函数 ·· 10
　　2.1.5　Merkle 树 ······································· 11
　　2.1.6　非对称加密 ······································ 11
　2.2　网络层 ··· 11
　　2.2.1　网络结构 ·· 11
　　2.2.2　数据传播协议 ···································· 12
　　2.2.3　数据验证机制 ···································· 12
　2.3　共识层 ··· 13
　　2.3.1　PoW 共识 ·· 13
　　2.3.2　PoS 共识 ·· 13
　　2.3.3　DPoS 共识 ······································· 14
　2.4　激励层 ··· 14

2.5 合约层 ··· 15
2.6 应用层 ··· 16
思考题 ·· 16

第3章 密码学技术 ··· 17
3.1 哈希算法 ··· 17
    3.1.1 SHA-256 算法 ·· 18
    3.1.2 RIPEMD-160 算法 ·· 19
3.2 Merkle 树 ·· 20
3.3 公钥密码算法 ·· 21
    3.3.1 椭圆曲线密码算法 ·· 21
    3.3.2 椭圆曲线签名与验证签名 ···································· 22
    3.3.3 SECP256K1 椭圆曲线 ··· 23
思考题 ·· 24

第4章 共识机制 ··· 25
4.1 拜占庭容错技术 ··· 25
4.2 PoW 共识机制 ·· 27
4.3 PoS 共识机制 ··· 28
4.4 DPoS 共识机制 ··· 30
4.5 其他共识机制 ·· 30
    4.5.1 Ripple 共识机制 ·· 30
    4.5.2 小蚁共识机制 ·· 32
    4.5.3 Algorand 共识机制 ·· 33
    4.5.4 神经网络共识机制 ·· 34
思考题 ·· 34

第5章 比特币详解 ··· 35
5.1 比特币简介 ·· 35
5.2 比特币的发行机制 ·· 37
5.3 比特币的交易流程 ·· 37
5.4 比特币的挖矿过程 ·· 40
    5.4.1 交易信息的验证 ·· 40
    5.4.2 交易信息的封装 ·· 42
思考题 ·· 43

第6章 智能合约 ··· 44
6.1 智能合约概述 ·· 44

6.1.1　智能合约概念 ··· 44
　　6.1.2　智能合约运作机理 ····································· 45
　　6.1.3　智能合约的特点 ······································· 47
　6.2　以太坊智能合约 ··· 48
　　6.2.1　以太坊概述 ··· 48
　　6.2.2　以太坊技术原理 ······································· 49
　　6.2.3　以太坊智能合约 ······································· 52
　6.3　智能合约实例——DAO ·· 54
　思考题 ··· 55

第7章　区块链常见问题 ·· 56
　7.1　效率问题 ·· 56
　　7.1.1　区块膨胀问题 ··· 56
　　7.1.2　交易效率问题 ··· 57
　　7.1.3　时间同步问题 ··· 58
　7.2　算力集中问题 ·· 58
　　7.2.1　矿池算力集中问题 ····································· 58
　　7.2.2　51％攻击问题 ··· 60
　7.3　DAO攻击引发的问题 ·· 61
　　7.3.1　软分叉和硬分叉 ······································· 62
　　7.3.2　DAO攻击事件的意义 ···································· 63
　7.4　隐私安全问题 ·· 64
　思考题 ··· 65

第8章　区块链应用案例 ·· 66
　8.1　公共服务 ·· 66
　　8.1.1　医疗协同 ··· 66
　　8.1.2　版权保护 ··· 67
　8.2　电子证照 ·· 68
　8.3　学术认证 ·· 69
　思考题 ··· 70

第9章　数字商业与区块链 ·· 71
　9.1　区块链变革——数字商业 ······································ 71
　　9.1.1　资产数字化 ··· 71
　　9.1.2　资产流动数字化 ······································· 72
　　9.1.3　管理流程数字化 ······································· 73

9.2 区块链新型经济体系……………………………………………… 73
　　9.2.1 新型经济体系的要求…………………………………… 73
　　9.2.2 区块链新型经济体系…………………………………… 75
　　9.2.3 新型经济体系的影响…………………………………… 77
思考题……………………………………………………………………… 77
参考文献…………………………………………………………………… 78
附录　英文缩略语………………………………………………………… 80

第1章 区块链技术发展

区块链本质上是一种基于密码学的分布式、去中心化的网络数据库系统,在这个分布式网络中发生的各类交易都由网络的全部节点参与确认和维护,通过共识机制来保证交易与信息的安全和有效性,使用链式结构与哈希(Hash)算法保证数据的不可篡改性和不可伪造,利用智能合约保证区块链应用的可拓展性。通过时间戳、经济激励等方法来保证系统在不需要中心机构的前提下可追溯和稳定运行。本章将对区块链以及相关技术基础的发展历程进行介绍,并对区块链的特点进行分析,最后简单介绍区块链的应用模式。

1.1 技术演进

1.1.1 技术起源

1976 年,Diffie 和 Hellman 发表了论文"New Direction in Cryptography",该论文奠定了公钥密码学的发展方向,开创了公钥密码学的新纪元,对区块链的技术发展起到了决定性作用。

1977 年,美国麻省理工学院 Rivest、Shamir 和 Adleman 提出了具有基于大数分解难题的 RSA 公钥密码算法,这标志着公钥密码学的研究进入了快速发展阶段。

1980 年,计算机科学家 Ralph Merkle 提出了 Merkle-Tree 数据结构和相应算法。Merkle-Tree 算法的主要用途之一就是分布式网络中数据同步正确性的校验,后来该技术也被比特币引入作为区块同步校验的重要手段。

1982 年,Lamport 提出拜占庭将军问题,标志着分布式网络与计算的可靠性理论和实践进入实质性阶段。同年,David Chaum 提出不可追踪的密码学支付系统,并在几年后将此想法扩展为密码学匿名现金系统,即 E-Cash,这成为密码学货币最早的先驱之一。此时,密码学已经被学者尝试性地运用到货币、金融、支付等相关领域。

1985 年,Koblitz 和 Miller 各自独立地几乎在同一时间提出了著名的椭圆曲线加密(Elliptic Curves Cryptography,ECC)算法。ECC 算法只需采用较短的密钥就可以达到和 RSA 算法相同的加密强度,这就有效地解决了为提高安全强度必须增加密钥长度所带来的工程实现难度的问题。

1993 年,"智能合约"概念由计算机科学家、加密大师 Nick Szabo 提出来。1994 年 Nick Szabo 的《智能合约》("Smart contracts")论文是智能合约的开山之作。Nick Szabo 关于智能合约的工作理论最终由区块链技术解决并实现。

1997 年,英国的密码学家 Adam Back 发明了哈希现金(Hash Cash),提出工作量证明机制(Proof of Work,PoW)的概念,并提出第一代 PoW 算法。最初 PoW 机制仅仅是用于解决互联网垃圾邮件问题。目前,这种通过一定工作量来获取奖励的算法机制成为分布式加密货币获得公信力的重要基础,是区块链技术的核心要素之一。同年,Haber 和 Stornetta 提出了一个用时间戳的方法保证数字文件安全的协议,这个协议成为比特币区块链协议的原型。

1998 年,密码学货币的完整思想正式出现,密码学家 David 和 Nick Szabo 同时提出了密码学货币的概念。其中 David 发明了 B-money,在 B-money 系统中,每台计算机单独书写交易记录,系统各账本难以达成一致。且计算量的成本信息并不准确、及时,也难以获取,因而 B-money 很难实现,B-money 被称为"比特币的精神先驱"。Nick Szabo 则发明了 Bitgold,该密码学货币的特性与后来中本聪的比特币论文里列出的特性也非常接近。

21 世纪以来,区块链相关的支撑技术又迎来了几次重大进展。首先是分布式对等网络(Peer-to-peer networking,P2P),接着在 1999~2001 年的三年时间内,Napster、EDonkey 2000 和 BitTorrent 先后诞生,奠定了 P2P 网络计算的基础。

2001 年,美国国家标准与技术研究院(National Institute of Standards and Technology,NIST)发布了 SHA-2 系列算法(Secure Hash Algorithm,安全散列算法),其中包括目前广泛应用的 SHA-256 算法,这也是比特币最终采用的哈希算法。

2004 年,Hal Finney 推出了自己的电子货币版本,他是 PGP 公司的一名研发人员,在他开发的电子货币中采用了可重复使用的工作量证明机制(RPoW),为比特币的诞生奠定了基础,并提供了大量的可供借鉴的经验。

2008 年 10 月 31 日,纽约时间下午 2 点 10 分,中本聪发送的电子邮件出现在密码朋克邮件列表中,邮件中提到"我一直在研究一个新的电子现金系统,这完全是点对点的,无须任何可信的第三方",里面附有一份九页的白皮书《比特币:点对点的电子现金系统》。11 月 16 日,中本聪发布了比特币代码的先行版本。

2009 年 1 月 3 日,中本聪在芬兰赫尔辛基的一个小型服务器上创建了比特币的第一个区块——创世区块(Genesis Block),并获得了其预先设定好的"首矿"奖励——50 个比特币。

1.1.2 区块链1.0

区块链1.0为区块链发展的第一阶段,以数字货币的相关应用为起点,以比特币为代表的虚拟货币是区块链技术目前最成功的应用之一。

2009年初,比特币网络正式上线运行,也是区块链第一个时代的开始,是比特币市场酝酿与发展的新阶段。2010年9月,第一个矿场Slush发明了多个节点合作挖矿的方式,成为比特币挖矿这个行业的开端。直到2011年4月,比特币官方有正式记载的第一个版本(bitcoin 0.3.21)发布。这个初级版本意义重大——首先,它支持UPNP(Universal Plug and Play,通用即插即用),实现了日常使用的P2P软件的能力,因此比特币才能够真正进入大众视野,让任何人都可以参与交易;其次,在此之前比特币节点最小单位只支持0.01比特币,相当于"分",而这个版本真正支持了"聪"。

随着比特币市场的扩大,数字货币逐渐进入"一链一币"的数字货币时代,也称为区块链1.0阶段。从2009年到2013年,区块链1.0是以比特币为代表的数字货币的应用,具备了去中心化交易平台的功能。

总体而言,数字货币的发展体系可以划分为四个部分。第一部分是比特币区块链;第二部分是使用比特币区块链协议但不使用比特币的系统,如万事达币、彩色币、合约币,以及采用合并挖矿的域名币等;第三部分是同时使用独立货币和独立的区块链系统,如以太坊、瑞波、莱特币和未来币等;第四部分是侧链,采用独立的网络,但以比特币作为底层货币的系统,如BTC Relay等。

1.1.3 区块链2.0

区块链2.0为区块链发展的第二阶段,由数字资产开启,可以理解为区块链技术在其他金融领域的运用,如银行结算、跨境支付、股权登记转让等。

2013年,业界也逐渐开始认识到支撑比特币运行的底层技术——区块链技术的重要价值。区块链实际上是一种极其巧妙的分布式共享账本及点对点价值传输技术,会对金融乃至各行各业带来较大影响。

2013年11月,出现了区块链技术的第一个重要飞跃,Vitalik Buterin发起了Ethereum(以太坊)项目,并在12月发布了以太坊白皮书的首个版本。同时他发现区块链技术不仅可以支持可编程合约,而且具有去中心化、不可篡改、过程透明以及可追溯等特点,特别适合于智能合约。智能合约是将纸质合约数字化,能被计算机自动执行。智能合约同时具备两个功能:一个是现实产生的合同,另一个是不需要第三方的、去中心化的、公正和超强行动力的执行者。从最早的EVM定义的论文开始,到2014年正式开始预售,再到以太坊2015年7月发布第一个正式版本

Frontier、2016 年 3 月发布 Homestead 版本和 2017 年发布 Metropolis 版本,以太坊逐渐成为最热门的区块链项目开发环境之一。

以太坊创造性地使用区块链技术解决并实现了智能合约的实际应用,由于智能合约与区块链技术的结合,这一时代被称为"区块链 2.0",也被称为"区块链可编程时代",区块链技术迎来高速发展的时期。

1.1.4 区块链 3.0

从技术的角度来看,在区块链技术应用大发展的时代,以太坊、Corda 和 ZCash 等区块链项目并起,一种为商用分布式应用设计的区块链操作系统(EOS,Enterprise Operation System)也逐步实现,可实现分布式应用的性能扩展。同时,区块链技术的共识机制目前也日渐成熟,出现了多种类别和具体实现方式。另外,区块链技术占用的算力也大幅度提高,莱特币还率先实现了隔离见证的技术,区块链技术进入了高速发展阶段。

从行业的角度上看,全球范围内票据、证券、保险、防伪、存证、溯源和知识产权等十几个领域都有了区块链应用的成功案例。国内外多家大的金融机构和其他传统企业,也都纷纷建立自己的区块链项目,无论是行业的应用广度,还是区块链的应用深度,都得到大幅度提高。

在区块链 3.0 时代,众多区块链应用正在接受市场的检验,适应区块链技术的主要行业领域会逐步发展起来,对全球范围内人们的生活产生深远的影响。

1.2 特点分析

区块链实质上是一种分布式记账本,它是 P2P 网络、共识机制、加密算法等多种计算机技术的集成应用技术。区块链作为加密货币体系的核心支撑技术,可以从两方面进行定义:狭义的区块链技术是一种以时间顺序排列的链式数据结构,并通过哈希函数等密码学技术保证了数据的不可篡改、不可伪造;广义的区块链技术是利用区块的链式数据结构以存储数据、利用链式数据的前后关系验证数据、利用分布式节点生成数据、利用共识算法来更新数据、利用密码学保证数据真实性、利用智能合约保证协议的不可违约性的一种具备高拓展性、高安全性的分布式数据系统。其核心优势是透明性与去中心化:首先,任何节点都可以参与共识形成的过程,而且新创建的区块必须在全系统公示,只有超过 51% 的节点都通过,才能确定一个新区块的添加;其次,区块链技术能通过时间戳、共识机制和经济激励等手段,在节点间无须互相信任的分布式系统中实现基于去中心化信用的点对点交易、协作与协调。

区块链具有去中心化、透明性、自治性、不可篡改性、可追溯性、准匿名等特性。

(1) 去中心化：区块链数据的验证、记账、存储、维护和传输等过程都是基于分布式网络架构，无须第三方机构或者中心机构。区块链系统中的所有节点之间都可以自由通信，所有节点都共同存储着区块数据，所有节点都扮演着"传播者"和"验证者"的角色。

(2) 透明性：区块链系统整体上是开放透明的，除节点私钥以外，网络中的节点信息对所有参与者公开，区块链中存储的数据对所有参与者公开，区块链的源代码也对所有人公开。

(3) 自治性：区块链系统采用特定的经济激励机制来保证分布式系统中所有节点均可参与数据区块的验证过程，并基于预先设定好的规范或共识协议来增加新区块，整个系统中所有节点都是自发地维护其制定的规则。同时，区块链技术提供了灵活的脚本代码系统，支持用户创建高级的智能合约等形式的应用。

(4) 不可篡改性：区块链技术使用哈希函数和非对称加密等密码学技术对区块数据进行加密，确保了数据和信息的基础安全；同时还借助分布式系统、经济激励、共识机制，使大部分节点自发地抵御攻击，少量节点对区块的修改几乎不会影响整个区块链系统，保证了区块链数据不可篡改和不可伪造。

(5) 可追溯性：尽管区块链的准匿名性使得用户无法获知交易双方的身份信息，但是区块链的链状结构保存了从第一个区块开始的所有历史数据，连接的形式是后一个区块存储前一个区块的哈希值，区块链上任意一条记录都可通过链式结构追溯源头。

(6) 准匿名：区块链系统不采用传统的基于PKI（Public Key Infrastructure，公钥基础设施）的第三方认证中心（Certificate Authority，CA）颁发数字证书来标识用户身份，而是采用由用户公钥转化而来的地址确认用户信息。用户在参与区块链系统的交互时，只需要公开地址，不需要公开真实身份。因此，区块链上公开的用户信息不与用户真实身份挂钩，只与用户的地址挂钩，具有交易的准匿名性。

1.3 应用模式

根据网络范围、开放程度的不同，可将区块链的应用模式分为公有链（Public Blockchain）、私有链（Private Blockchain）和联盟链（Consortium Blockchain）。

1.3.1 公有链

公有链是一种非许可链（Permissionless Blockchain），是指世界上任何个体或团体都可以发送交易，且交易能够获得该区块链的有效确认，任何人都可以参与其共识过程的区块链。公有链对外公开，用户无须注册就能匿名参与，也无须授权即可访问网络和区块链。

公有链是真正意义上的完全分布式的区块链系统,它通过哈希函数的性质与区块链的结构保证区块链数据的不可篡改,同时将加密算法验证和经济上的激励相结合,并遵循着一定的原则:每个人从中可获得的激励与对共识过程作出的贡献成正比,从而在陌生的网络环境中建立共识机制,形成去中心化的信用机制。

公有链是出现最早的区块链应用模式,也是目前使用最广泛的区块链应用模式。目前,网络上大量出现的各种虚拟数字货币均基于公有链。公有链具有以下两个特点。

(1)用户与开发者隔离,在公有链中,程序开发者无权干涉用户,因此用户的各种应用不会受到程序开发者的影响。

(2)全部区块链数据处于公开状态。这是由区块链的去中心化特性决定的,首先,作为一本分布式的总账,各个节点都会保存区块主链的备份并对其加以确认;其次,对于已经存在于区块链上的区块,其内部封装的交易信息理论上可以由任何一个节点通过遍历访问,一直追溯到创始区块。这说明交易信息是公开的,也正因如此,区块链才可避免被篡改。

1.3.2 私有链

私有链是一种许可链(Permissioned Blockchain),是指在一个相对较小范围内建立、仅供小范围内应用的区块链,私有链上的读写权限、参与记账权限按私有组织规则来制定。

私有链的应用场景一般是企业内部的应用,如数据库管理、审计等。此外,还包括一些特殊的组织情况,如政府的预算、执行以及政府的行业统计数据等。私有链的价值主要是提供安全、可溯源、不可篡改、自动执行的运算平台,同时还可以防范来自内部和外部对数据的安全攻击。私有链有以下三个特点。

(1)交易速度大幅提升。用户一般属于同一组织,用户规模小,因此所有节点属于同一组织,彼此之间已经完全建立信任,无须复杂的共识机制即可进行交易验证,从而大幅提高交易速度。

(2)安全性大幅提高。公有链中,各个节点都可以访问区块中的数据,尤其是在创建区块的过程中交易数据在全网范围内传播,而在私有链中,节点都属于同一组织,使用特有的加密方式,从而提高了安全性。

(3)交易成本大幅降低。由于各节点之间属于同一个组织,彼此之间可以高度信任,不再需要花费资源来验证交易,因此,私有链上的交易成本大幅降低。

1.3.3 联盟链

联盟链也是一种许可链,在联盟链中,一般是由某个群体内部指定多个预选的节点为记账节点,每个区块的生成由所有的预选节点共同决定,其他接入节点可以参与交易,但不参与记账过程,任何节点都可以通过该区块链开放的API进行限定查询。从本质上来看,联盟链采用了一种分布式的托管记账方式,只有预选节点参与共识过程。

联盟链具备了"去中心化"的特点,它相当于在某个有限的范围内构造了一种公有链,如金融机构之间,或某一个行业的全体参与者之间。建立了联盟链后,联盟的参与者按区块链的共识机制进行交易的验证和确认,不再需要外部的中心化信任机构,这可以在一定程度上减少流程的损耗,提高交易速度和效率。从交易速度来看,联盟链的交易速度一定快于公有链,但与更加封闭、信任程度更高的私有链相比,联盟链的交易速度就低得多。

思 考 题

(1) 简述区块链的定义及特征,谈谈你对区块链技术的理解。
(2) 区块链的分类有哪几种?它们有什么区别?
(3) 请简述一下区块链的发展历史。
(4) 比特币的开发者是谁?区块链的产生与发展历史对你有什么启示?

第 2 章 区块链系统框架及技术

区块链系统是由多种技术相互支撑构成的系统,包括数据区块、时间戳、数字签名、P2P 网络、共识算法等,还包括 Merkle 树、UTXO 模型(Unspent Transaction Output)等相关技术概念。这些技术为区块链的交易、验证、链接等提供技术支撑。

区块链基础架构分为六层(如图 2-1 所示),层次由高到低分别是应用层、合约层、激励层、共识层、网络层以及数据层。其中应用层包含货币、金融等行业在区块链的各种应用;合约层是指各种合约脚本、算法等;激励层则引入经济激励,使得各个节点共同维护区块链系统运作;共识层包括工作量证明、权益证明等多种共识机制;网络层主要包括系统的组网方式以及数据传播验证机制;数据层则包括完成数

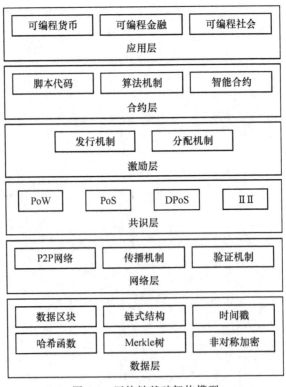

图 2-1 区块链基础架构模型

据加密、区块创建等相关技术，包括数据区块、链式结构、时间戳、哈希函数、Merkle树以及非对称加密等。

本章将根据区块链基础架构模型，将区块链系统分为六层，并对每层内技术进行简单介绍。

2.1 数据层

2.1.1 数据区块

数据区块一般由区块头和区块体构成，如图2-2所示。

区块头中包含当前区块的版本号、时间戳、当前区块的随机数、Merkle根信息，以及前一区块的哈希值和本区块的哈希值等。

区块体中则主要包含交易计数和交易详情的交易列表。区块体附加在区块头后面。区块体中的Merkle树会对记录的各个交易进行签名，来保证交易的不可伪造，同时通过Merkle树的哈希值计算过程产生唯一的Merkle根，Merkle根记录在数据区块的区块头中，使区块头能够体现区块所包含的所有交易。

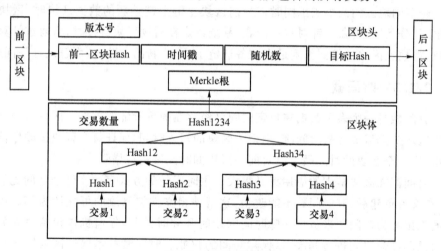

图2-2 数据区块结构

2.1.2 链式结构

以区块链为例，每个参与竞争记账权的节点称为矿工，矿工将当前区块与区块主链上的最末端区块链接，就形成了从初始区块到当前区块的一条区块链，这条区块链记录了所有的交易数据，使得在该条区块链之上的所有数据历史都可以被追溯和查询。

区块链的链接模型如图 2-3 所示。其中上一区块的哈希值实际上是指上一个区块头部的哈希值,而计算随机数规则决定了哪个矿工可以获得记录区块的权力。

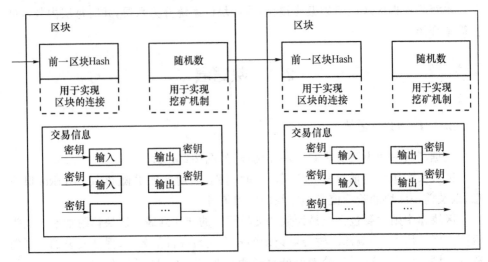

图 2-3　区块链链接模型

若不同地区的两个矿工同时在当前区块主链上链接新的数据区块时,区块链会出现"分叉"的现象。针对这一问题,系统约定在后续区块链接时,将通过计算和比较,将数据区块链接到长度最大的备选链上,形成新的主链,从而解决这一问题。

2.1.3　时间戳

时间戳是一个表示数据在特定时间已经存在的可验证的数据。区块链中每个数据区块头都需要加盖时间戳,来记录区块的写入时间,保证每个区块按顺序依次链接,后一个区块的时间戳可以对前一区块的时间戳进行增强。

时间戳在区块链中的应用意义重大。用时间戳的方式表达文件创建的先后顺序,在文件创建后,其时间戳不能改动,这就使得文件被篡改的可能性为零。可信时间戳由算力时间源来负责保障时间的授时和守时监测,任何机构包括时间戳中心自己不能对时间进行修改,以保障时间的权威。时间戳技术保证区块链数据的不可篡改和伪造,同时还为区块链应用于时间敏感的领域奠定了基础。

2.1.4　哈希函数

哈希函数,也称散列函数,实现将任意长度的输入转换为固定长度的输出,哈希函数具有单向性、易压缩、高灵敏、抗碰撞等特点,适用于存储区块链中的数据。

哈希函数值是指由固定长度的数字和字母组成的字符串,区块链通常直接保存哈希函数值,而非原始数据。

2.1.5　Merkle 树

Merkle 树是数据结构中的一种树,可以是二叉树,也可以是多叉树,它具有树结构的所有特点。其作用主要是快速归纳和校验区块数据的完整性。

Merkle 二叉树会将区块链中的数据分组进行哈希运算,向上不断递归运算产生新的哈希节点,除底层哈希节点外,其余哈希节点都包含两个相邻的哈希值。Merkle 二叉树的根保存在区块头中,其余部分保存在区块体中。

Merkle 树使得区块头只需包含该区块记录的所有交易经过不断递归运算最终形成的哈希值,而不是全部的交易数据;同时使得节点在不了解整个区块的情况下,对是否包含某一交易进行验证,极大提高了区块链的运行效率。

2.1.6　非对称加密

非对称加密也称公钥加密,非对称加密需要两个非对称的密钥,分别是公钥和私钥,其中公钥对所有人公开,私钥自己保存。区块链系统中,非对称加密用于保证系统安全性及所有权验证问题。常见的非对称加密算法包括 RSA、Elgamal、ECC 等,区块链系统中使用的是椭圆曲线加密算法——ECC。

非对称加密除了对数据进行加密外,还可用于数字签名认证,通过私钥签名的交易可以使用对应的公钥对其进行验证,从而对交易发起者进行验证。

2.2　网络层

网络层封装了区块链系统的组网方式、消息传播协议和数据验证机制等要素。网络层的设计是为了保证区块链中各个节点间的通信,通过特定的协议和机制,使得每个节点都能参与记账和数据校验等。同时保证数据区块是经过大部分节点验证后才记入区块链中的。

2.2.1　网络结构

因为区块链系统中节点的分布式和自治性等特点,所以区块链系统一般采用 P2P 网络来组织各个节点参与验证和记账。

P2P 网络是一种不需要中心服务器,而是依靠节点间沟通的体系。P2P 网络示意如图 2-4 所示。网络中的每个节点地位平等,既产生信息,又接收信息,每个节点都承担网络路由、数据验证等功能。

网络节点根据存储数据量的不同,可以分为全节点和轻量级节点,全节点存储了从创始区块以来的所有区块链数据,轻量级节点只存储部分数据信息。全节点在进行数据校验时不需依靠其他节点,仅依靠自身就可以完成校验更新等操作,但

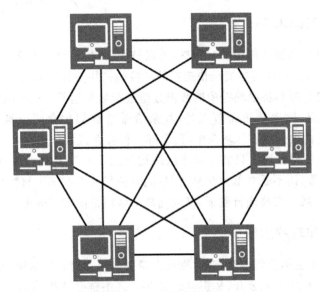

图 2-4　P2P 网络示意图

全节点部署时硬件成本较高；轻量级节点在需要别的数据时可以通过简易支付验证方式向邻近节点请求所需数据来完成验证更新。

2.2.2　数据传播协议

区块链网络交易信息的公布方式是广播。在区块链网络中，存在两种广播机制：一种是交易广播，另一种是区块构造广播。

交易广播是指生成交易的节点将交易信息传播给相邻节点，相邻节点验证后继续传播给其相邻节点，通过节点间的相互传播，使得交易信息快速被网络中的所有节点接收，若多数节点(51%)接收，则交易通过。若交易信息有错，接收到错误消息的节点验证不通过，就会废弃该交易数据，不再进行广播。交易广播的存在使区块链中的每一项交易置于全网节点的监督下，交易的每一个细节都将受到其他节点的检验。交易一旦验证通过，就进入了全网节点的区块中，由全网节点为其真实性、合规性进行背书，下一项与之有关的衍生交易无须中心机构的背书即可信任该项交易，这便是区块链网络信任的基础。

区块的生成需要一个正确的随机数，区块构造广播是指找到正确随机数后对其进行广播，其他节点进行验证，若大部分节点验证通过，则确认记账权，生成新区块。

2.2.3　数据验证机制

数据验证机制是指节点对广播的交易信息和区块进行验证的过程。区块链没有中心机构进行交易信任校验和保证,因此每一项交易都需要依靠全网节点的验证来保证,至少经过多数(51%)节点验证的交易才能取得信任,成为区块封装中的交易组合信息。

在比特币系统中,每个节点都时刻监听区块链网络中广播的交易数据与新区块。节点会收集网络中已经广播但未确认的交易和区块,按照预先定义的标准,从不同方面验证交易数据和区块的有效性,并将有效的交易数据整合至当前区块中。

2.3 共识层

区块链系统的共识层封装了各种共识算法。在分布式系统中,决策权越分散的系统达成共识的效率越低,但系统稳定性高;决策权越集中的系统达成共识效率高,但稳定性差。区块链架构是一个分布式的架构,区块链共识技术的优势之一是在去中心化的系统中使节点间对区块数据的有效性保持一致。

2.3.1 PoW 共识

PoW 共识机制是通过节点间的算力竞争来保持共识及数据一致,即对于工作量的证明,是生成要加入区块链中的一笔新的交易信息(即新区块)时必须满足的要求。在基于工作量证明机制构建的区块链网络中,节点通过计算随机哈希散列的数值解争夺记账权,求得正确的数值解进而获得生成区块的能力是节点算力的具体表现。工作量证明机制具有完全去中心化的优点,在以工作量证明机制为共识的区块链中,节点可以自由进出。

在比特币系统中,判定竞争结果是通过工作量证明(Proof of Work,PoW)的机制来完成的,PoW 实际上是确认工作端(竞争记账权的节点)做过一定工作量工作的证明。PoW 的主要特点是计算的不对称性,工作端需要经过长时间运算得到结果,而验证端可以很容易通过结果对工作端所做工作进行检验。

PoW 共识机制具有重要的创新意义,但也存在明显的弊端。PoW 机制要求的强大算力造成了大量资源浪费,而且交易确认时间过长,不适合小额交易的商业应用。

2.3.2 PoS 共识

PoW 共识机制需要的强大算力造成了很大的资源浪费,为解决这一问题,权益证明(Proof of Stake,PoS)共识机制诞生。PoS 共识机制使用权益证明来替换工作量证明。

权益证明要求用户证明拥有某些数量的货币,节点对特定数量货币的所有权称为币龄,每次交易都将消耗特定数量的币龄。系统在某一时间的币龄总数是固定的,因此持币时间越长的节点一般拥有的币龄也就越多。此外,PoS 共识过程中挖矿难度与交易输入的币龄成反比,消耗币龄越多,挖矿的难度越低。在挖矿过程中,消耗币龄最高的区块将被链接。

PoS 共识过程依靠内部币龄,不需大量耗费电力和能源,很大程度上解决了 PoW 共识机制中资源浪费的问题,同时也缩短了共识时间。PoS 共识机制虽解决了 PoW 共识机制的不足,但依据权益进行选择会导致首富账户的权力过大,甚至支配记账权。

2.3.3 DPoS 共识

股份授权证明(Delegated Proof of Stake,DPoS)共识机制是为了解决 PoW 机制和 PoS 机制的不足。PoW 共识机制中所有节点都与算力最大节点统一,PoS 共识机制中所有节点都与权益最高节点统一,与这两种共识机制不同,DPoS 共识机制中节点可以自主的选择其信任的节点。

DPoS 是目前看到的最快、最高效灵活的共识模型。DPoS 利用权益人股票的权力来公平民主的解决共识问题。所有的网络参数,包括交易费用、生成块的时间以及交易大小,都可以通过选出来的代理人来调整。比特股(Bitshare)是一类采用 DPoS 机制的加密货币,其引入了见证人的概念。见证人可以创造区块,每一个比特股的持有者都可以通过投票选出 N 个见证人(N 在 Bitshare 中定义为 101,在 EOS 中定义为 21)。见证人的候选名单每个维护周期(1 天)更新一次。见证人随机排列,每个见证人按序有 2 秒的权限时间生成区块,若见证人不能在规定时间内生成区块,则区块生成权限交给下一时间片对应的见证人,下一位见证人将会创造两倍大的区块,包括前一位交易者遗漏的交易信息。比特股持有者选出的 N 个见证人可以视为 N 个矿池,每个矿池的权利完全平等,若这些见证人(矿池)提供的算力不稳定、计算机宕机,持股人可以随时通过投票更换见证人。

DPoS 共识机制通过上述过程减少了参与验证和记账的节点数量,实现了快速的共识验证。

2.4 激励层

区块链的运行与安全性依靠众多节点的参与,激励层目的是提供一定的激励措施鼓励节点参与区块链的日常运作以及共识验证工作。

为了鼓励节点参与区块链的运作,如数字货币等区块链一般会使用特定数量货币的奖励给区块创建者。以比特币为例,激励层奖励的来源包括了两种,第一种是新区块产生后系统生成的比特币,第二种是每笔交易会扣除万分之一比特币作为交易费。比特币初期的货币奖励为 50 个比特币,每挖出 21 万个区块比特币奖励减半。当比特币发行总量达到 2 100 万时，新产生的区块将不再生成比特币，这时主要依靠第二种交易费作为奖励机制。

激励层将经济因素集成到区块链技术体系中。在公有链中，正是由于区块链系统遵循着激励机制奖励获得记账权的节点，才能让整个系统朝着良性循环的方向发展。而在私有链或联盟链中，则不一定需要进行激励，节点往往通过私链所属企业和企业制定的规则参与记账或获得记账权。

2.5 合约层

合约层是区块链 2.0 新出现的拓展架构，但却是区块链延伸各种应用功能的必要支撑，合约层的出现极大地提升了区块链的可拓展性。作为区块链 2.0 的重要标志，合约层由合约虚拟机与智能合约两部分组成。

合约虚拟机是区块链中智能合约的运行基础，为合约代码提供了沙盒式的执行环境。合约虚拟机本身一般不存储到区块链上，而是与区块链并行存储到各个节点计算机中。每个校验节点都会运行合约虚拟机，并将其作为区块有效性校验协议的一部分。

以太坊是应用智能合约最早且最成功的区块链，大多数合约虚拟机都是仿照以太坊虚拟机（Ethereum Virtual Machine，EVM）设计。以太坊虚拟机是一个图灵完备的虚拟机，支持较复杂的指令运行，任何应用需求都可以被转化为可由计算机执行的指令。为防止恶意用户设计无限循环代码导致的虚拟机运行瘫痪，以太坊虚拟机中执行的代码严格受到一个参数的制约，这个参数就是 Gas。Gas 的消耗规定了可运行的计算指令的数量上限，无限循环最终会因耗尽 Gas 而中止。

智能合约是一种旨在以信息化方式传播、验证或执行合同的计算机协议。其实质就是嵌入区块链的控制代码，在合约达到约束条件后自动执行合约条款，无须人工干预。本书第六章将详细介绍智能合约。

合约层的整体运作流程如图 2-5 所示，以 Solidity 语言实现方法为例，在自动执行智能合约时，区块链系统会根据对应的区块链地址获取 Solidity 代码，Solidity 代码是高度脚本化的程序设计语言，用户可以更简易地开发智能合约。合约虚拟机只能理解字节码，因此在将智能合约代码载入合约虚拟机运行之前，需要使用编译器将 Solidity 代码编译成字节码，最后在合约虚拟机运行结束后发布到区块链网络中。

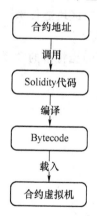

图 2-5 合约层运作流程

2.6 应用层

应用层又称为业务层,它封装了区块链的各种功能业务与各个行业的应用场景。应用层是在区块链 3.0 时期发展最快的区块链架构,其涵盖的应用场景已经超越了货币和金融领域,区块链在医疗、科学、政府和工业等领域都迎来重大的发展机遇。

传统的应用层包括数字货币交易平台、数字货币投资平台和数字货币钱包等,在进入区块链 3.0 后,区块链的应用层便不再仅限于货币交易应用,更多的在于信息的数字化、管理的数字化、资产的数字化,在于应用模式的全方位变化。

由于区块链技术去中心化、不可篡改、公开透明、安全可靠的架构优势,再加之自动执行的智能合约的管控优势,采用区块链技术不仅极大地提升公信力,而且降低了数据处理成本,提高系统运行效率。同时,分布式也是信息社会的新要求,点对点的应用处理将会给众多行业带来颠覆性的改革。区块链的各种应用场景将在第八章进行详细介绍。

思 考 题

(1) 区块链的系统架构是怎样的?每个层次都是必要的吗?
(2) 区块头封装了哪些信息,为什么要封装这些信息?
(3) 如果不使用 Merkle 树存储数据,还能使用其他的数据结构存储数据吗?
(4) 组网方式使用 P2P 网络的原因是什么?
(5) 区块链技术引入共识机制的原因是什么,PoW 共识为什么可以得到广泛的认可?
(6) 比特币的数量是有限的吗?为什么?

第3章 密码学技术

区块链能构筑安全、可信的存储与交易网络的核心就是密码算法。在区块链系统中，使用了哈希（Hash）函数和公钥密码技术等密码学技术。

哈希函数是实现区块链完整性保护的主要工具，区块链系统中至少包含2个层级的完整性保护。首先，一组账本的全局状态由Merkle树所保护，其根哈希存储于区块中。这组数据内任意信息改变都可能导致一个新的根哈希值，从而导致整个区块哈希值的改变。其次，通过使用哈希指针，区块的历史能够得到保护，区块一旦添加到区块链中，其内容就不可改变。

区块链系统中还采用了公钥密码技术。与对称密码算法不同，公钥密码算法采用了两个相关的密钥：一个密钥是公开的（公钥），另一个密钥是保密的（私钥）。公钥密码算法的提出有效地解决了密钥分发传输的问题，而私钥加密——公钥解密的应用模式有效解决签名问题。区块链系统中使用了椭圆曲线公钥密码技术以及基于椭圆曲线的数字签名技术，同时还使用数字证书完成公钥的分发。

3.1 哈希算法

哈希（Hash）函数又称散列函数，它是一种单向密码体制，即一个从明文到密文的不可逆映射。哈希函数能够将任意长度的输入映射成固定长度的输出，即散列值。以哈希函数为基础构造的哈希算法，在现代密码学中扮演重要的角色，常用于实现数据完整性和实体认证等。

哈希函数的数学表述是 $h=H(m)$，其中 H 指哈希函数，m 是指任意长度的明文，h 是固定长度的哈希值。哈希函数对于不同的输入可以获得不同的哈希值，如果出现对于不同的输入获得了相同的哈希值则称为哈希碰撞。

哈希函数具有以下特点。

单向性：对于给定的哈希值 h，要找到 m' 使得 $h=H(m')$ 计算上是不可行的。

易压缩：对于任意大小的输入 m，哈希值 h 的长度都很小且固定长度。

高灵敏：每一位输入的变化输出都会引起输出值发生巨大的变化。

抗碰撞：哈希函数的抗碰撞性是寻找两个不同的、能够产生碰撞的消息在计算上是不可行的。

在区块链中,哈希函数主要用于数据加密、区块生成及链接、共识计算的工作量证明等。链接区块的哈希指针是哈希函数在区块链中的一个重要应用。哈希指针是一种数据结构,与指针不同的是,通过哈希指针不仅能确定数据的存储位置,还能确定该数据的哈希值。

区块链中哈希指针的链接结构如图 3-1 所示。区块链中的每一区块头中都包含该区块的哈希值,后一个区块通过哈希指针与前一个区块相连,并提供前一区块的哈希值。若前一区块的数据发生变化,导致区块哈希值变化,则可以通过哈希指针及时发现数据被篡改。

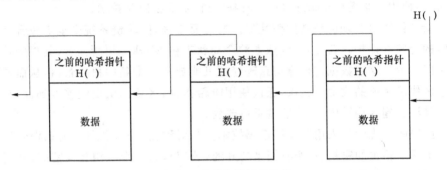

图 3-1 哈希指针链接结构

以比特币系统为例,使用了两个密码学哈希函数:SHA-256 和 RIPEMD160。SHA-256 哈希函数主要用于加密交易区块的构造,在比特币地址的生成过程中也用到了 SHA-256,同时 PoW 的共识机制也是基于寻找给定前缀的 SHA-256 哈希值。RIPEMD160 哈希函数主要应用于生成比特币地址。

3.1.1 SHA-256 算法

SHA-256 函数属于美国标准与技术局(NIST)发布的安全哈希算法 SHA-2 系列函数之一。区块链技术使用的是双 SHA-256 哈希函数将任意长度的原始数据经过两次 SHA-256 哈希运算后转换为 32 字节的二进制数字统一存储和识别。

SHA-256 算法的输入为长度小于 2^{64} 位的消息,输出是 256 位的消息摘要,输入消息以 512 位的分组为单位进行处理。其算法描述如下。

1. 消息填充

填充一个最高位为 1 其余位为 0 的比特串,这样报文的长度 $n \equiv (448 \mod 512)$。然后在消息后附加 64 位的长度块,其值为填充前消息的长度,从而生成长度为 512 整数倍的消息分组,填充后消息的长度最多为 2^{64} 位。

2. 初始化缓存

SHA-256 算法会使用一个 256bit 的缓存来存放该哈希函数的中间值及最终

结果。缓冲区一般用 8 个 32 位的寄存器 A、B、C、D、E、F、H 表示,首先要对初始链接变量存储于这 8 个寄存器中:

A=0x6A09E667

B=0xBB67AE85

C=0x3C6EF372

D=0xA54FF53A

E=0x510E527F

F=0x9B05688C

G=0x1F83D9AB

H=0x5BE0CD19

这些初始化变量是取自前 8 个素数 2,3,5,7,11,13,17,19 的平方根的小数部分二进制表示的前 32 位。

3. 主循环

消息块是以 512 位(16 个字)为单位进行报文的处理。SHA-256 算法使用了六种基本逻辑函数,由 64 步迭代运算组成。每步都以 256 位缓存值 ABCDEFGH 为输入,然后更新缓存内容。每步使用一个 32 位常数值 K_t 和一个 32 位的 W_t。K_t 是常数值,W_t 是分组之后的报文。

4. 生成摘要

所有的 512 位分组处理完毕后,对于 SHA-256 算法最后一个分组产生的输出便是 256 位的报文摘要。

SHA-256 算法将原始输入填补分块后,通过数据计算,将细微变化反映在摘要中,保证数据被篡改后可被及时发现;同时在数据计算中,通过不断地运算保证结果唯一且不可逆,从而保证数据的保密性。SHA-256 算法的这些特性使其成为适用于区块链系统的加密算法。

3.1.2 RIPEMD-160 算法

RIPEMD(RACE Integrity Primitives Evaluation Message Digest,RACE 原始完整性校验消息摘要)使用 MD4 的设计原理,并针对 MD4 的算法缺陷进行改进,首次发布的版本是 RIPEMD-128 版本,RIPEMD-160 是 RIPEMD-128 的完善,且是当前最主流的 RIPEMD 版本。

在比特币系统中,RIPEMD-160 哈希函数用来生成比特币地址。

RIPEMD-160 会输出 160 位的哈希值,具有很强的抗碰撞能力。RIPEMD-160 同样是使用缓存来存放算法的中间结果和最终的摘要。这个缓冲区由 5 个 32 位的寄存器 A、B、C、D、E 构成,其初始值如下:

A=67452301
B=efcdab89
C=98badcfe
D=10325476
E=c3d2e1f0

处理算法的核心是一个包含10个循环的压缩函数模块,其中每个循环由16个处理步骤组成,在每个循环中使用不同的原始逻辑函数,算法的处理分为两种不同的情况,在这两种情况下,分别以相反的顺序使用5个原始逻辑函数。每一个循环都以当前分组的消息字和160位的缓存值A、B、C、D、E为输入得到新的值。每个循环使用一个额外的常数,在最后一个循环结束后,两种情况的计算结果A、B、C、D、E和A′、B′、C′、D′、E′及链接变量的初始值经过依次相加运算产生最终的输出。对所有的512位的分组处理完成之后,最终产生的160位输出即为消息摘要。

3.2 Merkle 树

区块链中,利用Merkle树可以实现信息快速方便的完整性验证。Merkle哈希树是一类基于哈希值的二叉树或多叉树,其中叶子节点存储数据块的哈希值,非叶子节点则存储该节点对应的所有子节点计算所得的哈希值。如图3-2所示为一个Merkle哈希二叉树。叶子节点"Hash 1"存储数据块"交易1"的哈希值,非叶子节点"Hash 12"存储其子节点"Hash 1"和"Hash 2"组合的哈希值。

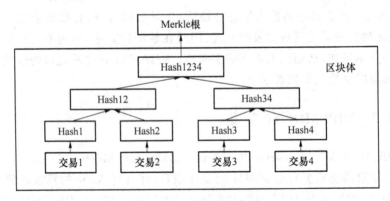

图3-2 Merkle树示意图

Merkle树中,节点的哈希值都存储在上一级节点里,直至根节点。一旦数据被攻击篡改,将导致上级节点哈希指针中的哈希值与本节点不匹配,即使攻击者继续修改上级节点,也不能修改指向根节点的哈希指针,因此很容易被发现数据篡改。

Merkle 树使用户可以通过区块头里的 Merkle 根及哈希值列表来验证某一数据块是否存在于这一 Merkle 树中。在图 3-2 中,为了验证数据块"交易 1"是否存在于 Merkle 树中,用户除了 Merkle 根,还需知道节点"Hash 12"及"Hash 34"的哈希值,通过 3 次哈希计算,即可验证数据块"交易 1"包含在区块中。除了节点对应的哈希值及数据块"交易 1",用户不需要知道其他数据块中的具体交易内容。

3.3 公钥密码算法

公钥密码算法,又称为双密钥密码算法或非对称密码算法。公钥密码系统使用两个不同的密钥,包括公钥和私钥两种,公钥是指公开的密钥,私钥是指非公开、私有的密钥。通常情况下,发送者通过公钥对信息进行加密,接收方通过私钥对接收到的加密信息进行解密。

区块链中,用户使用公钥对信息进行加密,只有对应的私钥才能进行解密,其中私钥由用户选取,并产生相应的公钥,公钥记录在对应区块的地址上。此外,用户还可以使用私钥对自己的交易信息进行数字签名,保证消息传输的完整性,其他用户可使用公钥对消息的签名进行验证。区块链中使用的公钥密码算法是椭圆曲线密码算法。

3.3.1 椭圆曲线密码算法

椭圆曲线密码(Elliptic Curve Cryptography,ECC)算法是基于椭圆曲线的一种公钥密码算法。

1. 椭圆曲线的基本概念

设 p 为大于 3 的素数,在有限域 Z_p 上的椭圆曲线 $y^2=x^3+ax+b$ 由一个基于同余式 $y^2=x^3+ax+b \bmod p$ 的解集 $(x,y)\in Z_p\times Z_p$ 和一个称为无穷远点的特定点 O 组成,其中 $a,b\in Z_p$ 是满足 $4a^3+27b^2\neq 0 \bmod p$ 的常数。

通过定义适当运算,椭圆曲线 E 上的点构成 Abel 群。记运算为 $+$,设 $P=(x_1,y_1)\in E, Q=(x_2,y_2)\in E$。对于所有的 $P\in E$ 定义 $P+O=O+P=P$。

如果 $x_1=x_2$ 且 $y_1=-y_2$,则:
$$P+Q=O$$
否则 $P+Q=(x_3,y_3)$,其中:

$$x_3=\lambda^2-x_1-x_2, y_3=\lambda(x_1-x_3)-y_1, \lambda=\begin{cases} \dfrac{y_2-y_1}{x_2-x_1}, & P\neq Q, \\ \dfrac{3x_1^2+a}{2y_1}, & P=Q \end{cases}$$

可证明 E 中的点在该运算下构成了 Abel 群,其单位元为 O。对于 E 中的元素 (x,y),其逆元为 $-(x,y)=(x,-y)$。

椭圆曲线及其解点的运算的几何意义如图 3-3 所示。设 $P(x_1,y_1)$ 和 $Q(x_2,y_2)$ 是椭圆曲线的两个点,则连接 $P(x_1,y_1)$ 和 $Q(x_2,y_2)$ 的直线与椭圆曲线的另一个焦点关于横轴的对称点即为 $P(x_1,y_1)+Q(x_2,y_2)$ 点。

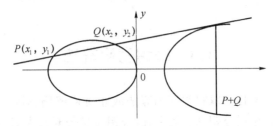

图 3-3 椭圆曲线上的运算示意图

2. 椭圆曲线密码

椭圆曲线密码建立在椭圆曲线解点群的离散对数问题的困难性上,椭圆曲线离散对数问题描述如下:给定群中的点 P 与点 Q,在等式 $kP=Q$ 中,已知 k 和点 P,求点 Q 较为容易,而已知点 Q 和点 P,求 k 却十分困难。椭圆曲线密码算法正是基于离散对数问题,如使用 Q 为公钥,k 为私钥。

3.3.2 椭圆曲线签名与验证签名

数字签名也称电子签名,是指附加在某一电子文档中的一组特定符号,用于标识签发者的身份以及签发者对文档的认可,并能被接受者用来验证信息在传输过程中是否被篡改。

数字签名包括密钥生成、签名及验证签名等。其中签名是指签名者对签名消息进行摘要提取,接着利用私钥对其进行签名的过程;验证签名是指验证者获取签名者的公钥,并验证签名是否正确、消息是否被篡改的过程。

椭圆曲线签名与验证签名的简要步骤如下。

设 F_q 为有限域,E 为 F_q 上的椭圆曲线,P 是 E 上的一个有理点,称为基点,P 的阶为素数 n。

1. 密钥生成

(1)用户 A 随机选择一个整数 a,$1<a<n$,计算 $P_A=aP$;

(2)将 a 作为用户 A 的私钥,P_A 作为用户 A 的公钥。

(3)同理用户 B 产生的密钥对为 (b,P_B)。

2. 椭圆曲线数字签名

假设用户 A 对信息 m 进行签名,系统有一个哈希函数 H:

(1)A 随机选择一个整数 $k,1<k<n$,计算 $kP=(x,y)$;

(2)计算 $r=x \bmod n$,如果 $r=0$,则重新选择随机整数;

(3)计算 $e=H(m)$;

(4)计算 $s=k^{-1}(e+ar)\bmod n$,如果 $s=0$,则重新选择随机整数。

A 对 m 的签名为 (s,r)。

3. 验证签名

(1)验证是否满足:$1<r<n,1<s<n$,若不满足,则拒绝签名。

(2)计算 $w=s^{-1}\bmod n,e=H(m)$。

(3)计算 $u_1=ew \bmod n,u_2=rw \bmod n$。

(4)计算 $(x_1,y_1)=u_1P+u_2P_A$,计算 $r_1=x_1 \bmod n$。

(5)如果 $r=r_1$,则接受签名。

以比特币系统为例,A 向 B 支付比特币需要向全网广播,收到该消息的用户确定这一消息是 A 发出的,而不是别人伪造的,需要 A 使用私钥对这段交易信息的哈希值进行数字签名后,将交易信息、签名及公钥信息进行广播,当矿工接收到这些消息后,利用 A 的公钥对签名进行验证,若验证正确,矿工会将这一交易信息记入区块链中;若验证失败,则表明消息存在问题,不计入区块链中。

3.3.3 SECP256K1 椭圆曲线

椭圆曲线的加密性能随着椭圆曲线参数 a,b,G 的不同而不同,比特币和以太坊中使用的椭圆曲线是 SECP256K1。

SECP256K1 椭圆曲线方程为 $y^2=x^3+ax+b$,由六元组 $D=(p,a,b,G,n,h)$ 定义:

(1)素数 $p=2^{256}-2^{32}-2^9-2^8-2^7-2^6-2^4-1$;

(2)$a=0$;

(3)$b=7$;

(4)非压缩形式的基点 G 为:

G=0479BE667EF9DCBBAC55A06295CE870B07029BFCDB2DCE28D959 F2815B16F81798483ADA7726A3C4655DA4FBFC0E1108A8FD17B448A68554199C47D08FFB10D4B8;

(5)n 为 G 的阶,n = FFFFFFFF FFFFFFFF FFFFFFFF FFFFFFFE BAAEDCE6 AF48A03B BFD25E8C D06364141;

(6)协因子 $h=1$。

SECP256K1 因为其特定的参数,与其他曲线性能相比可以提高 30%,同时可以有效避免后门出现的可能。

思 考 题

(1) 比特币系统使用了哪些哈希函数？
(2) 区块链技术应用 Merkle 树的优势是什么？
(3) 椭圆曲线签名与验证签名是怎样生成的？
(4) 请简述 SECP256K1 椭圆曲线密码算法的优势。

第4章 共识机制

区块链的关键特征就是去中心化,但是分布式系统由于缺乏权威的中心化代理,其信息的可信度和准确性会面临一定的质疑。这种分布式系统引发的问题就可以理解为反映信息交换领域的拜占庭将军问题,即在去中心化系统中,假设存在坏的节点会向外界传播错误信息,如何在这种情况下验证数据传输的准确性。区块链技术使用共识算法来解决相关的问题,目前应用最广泛的是比特币使用的 PoW 共识机制,主流的共识机制还有公有链中通常使用的 PoS 共识机制、DPoS 共识机制,同时为解决主流共识机制的一些不足之处,私有链和联盟链中还使用 Ripple 共识机制、小蚁共识机制、神经网络共识机制等。本章将对区块链相关的共识机制进行介绍。

4.1 拜占庭容错技术

拜占庭容错技术(Byzantine Fault Tolerance,BFT)是被广泛应用于解决分布式系统容错问题的技术。拜占庭容错技术来源于拜占庭将军问题,它是由 Leslie Lamport 提出的关于 P2P 网络通信的基本问题:在不可靠信道上,通过消息传递的方式难以保证系统状态的一致性。

拜占庭帝国国土辽阔,每支军队的驻地相隔很远,将军们只能靠信使传递消息。拜占庭帝国在军事行动中,通过将军少数服从多数的集体投票策略选择进攻或者撤退,如果有大部分将军决定进攻,则采取进攻策略,反之选择撤退策略。但是如果将军或传令官中出现叛徒,叛徒会通过传播虚假命令影响其集体投票的结果或统一行动的计划。因此,将军们必须预先制定一种方法或协议,使所有忠诚的将军能够达成一致,而且少数几个叛徒不能使忠诚的将军做出错误的计划。总而言之,如图 4-1 所示,拜占庭将军问题的实质就是要寻找一个方法,使得将军们能在一个有叛徒的非信任环境中建立对战斗计划的共识。

参与区块链系统共识记账的每一个网络节点相当于"将军",节点之间的交易信息传递相当于"信使",某些节点可能由于各种原因而产生错误的信息并传达给其他节点。通常,这些发生故障节点被称为"拜占庭节点",而正常的节点即为"非拜占庭节点"。

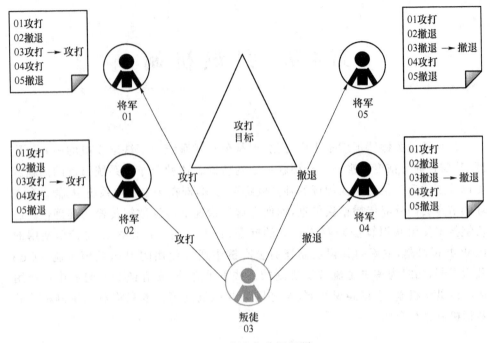

图 4-1 拜占庭将军问题

拜占庭系统普遍采用的假设条件包括：

(1)拜占庭节点的行为可以是任意的,拜占庭节点之间可以共谋；

(2)节点之间的错误不相关；

(3)节点之间通过异步网络连接,网络中的消息可能丢失、乱序并延时到达,但大部分协议假设消息在有限的时间里能传至目的地；

(4)服务器之间传递的信息,第三方可以嗅探到,但是不能篡改、伪造信息的内容和验证信息的完整性。

假设基于拜占庭容错的 P2P 网络系统是拥有 N 个节点的系统,则对于每一个请求,该系统需要满足以下条件：

(1)当非拜占庭节点有相同的输入信息,则它们会产生同样的结果；

(2)如果输入的信息通过验证,非拜占庭节点必须接收这个信息,并输出相应的结果。

除此之外,在基于拜占庭容错的 P2P 网络系统的实际运作过程中,还需要假设整个系统中拜占庭节点不超过 $m(m \leqslant n/2)$ 个,并且每个请求还需要满足安全性和存活性两个指标。

(1)安全性:任何已经完成的请求都不能被更改；

(2)存活性:能接受并且执行非拜占庭客户端的正常请求。

4.2 PoW 共识机制

从去中心化账本系统的角度看,每个加入这个系统的节点都要保存一份完整的账本,但每个节点却不能同时记账,因为节点处于不同的环境,接收到不同的信息,如果同时记账的话,必然会导致账本的不一致,造成混乱。因此,需要一种信任基础,也就是共识机制来确定有权记账的节点。

以比特币为例,它的信任基础并不依赖于中心化货币发行机构,而是依赖于"工作量证明"(Proof of Work,PoW)这种共识机制。PoW 的共识形成过程就是俗称的"挖矿",每个参与竞争记账权的节点称为"矿工","挖矿"的过程就是各个"矿工"通过计算资源来竞争同一个难度具有可动态变化和调整的书写问题,并且成功解决该数学问题的"矿工"将获得区块链的记账权以及比特币系统预设的激励,同时在当前时间段的所有比特币交易记录被打包存储在这个新区块上,并按照时间顺序将其连接到链上。

简单地说,工作量证明机制就是节点使用算力资源多少的证明。参与挖矿的节点耗费算力越多,获取记账权的概率就越大,即根据节点的工作量分配记账权。

PoW 共识机制挖矿就是通过算力资源,计算出一个符合规则的随机数,即可获得记账权。以比特币为例,在比特币的挖矿过程中,矿工需要不断调整 Nonce 值,对区块头数据做双重 SHA-256 哈希运算,使得结果满足给定数量前导 0 的哈希值。其中前导 0 的个数,决定了挖矿难度,前导 0 的个数越多,挖矿难度越大,在每创建 2016 个区块后将计算新的难度,此后的 2016 个区块将使用新的难度。挖矿具体过程如下:

(1)获取 16 进制的原始区块数据,以 80 字节长度的区块头数据作为输入;

(2)不断变更区块头中的随机数 Nonce,对变更后的区块头数据做双重 SHA-256 哈希运算,得到 32 字节长度的运算结果;

(3)将运算结果与当前难度值进行比较,如果小于目标难度,即挖矿完成;否则,挖矿失败。

挖矿难度计算过程如下:

(1)找到前 2016 个区块的第一个块,并计算生成这 2016 个区块花费的时间,一般为 14 天;

(2)计算前 2016 个区块的难度总和,即单个区块的难度×总时间;

(3)计算新的难度,即 2016 个块的难度总和/14 天的秒数,得到每秒的难度值;

(4)同时要求新的难度,难度不低于参数定义的最小难度。

该算法目的是通过对比实际出块时间间隔和理想出块时间间隔进行动态难度调整,同时使用难度上下限进行限制,防止难度变化过快。

工作量证明的最大的优点体现在协议的相对公平性与安全性,节点挖出新区块获得记账权及预设奖励的概率与其算力占全网总算力的百分比具有一致性;相应地,攻击者的算力需要占据全网50%以上的算力,才能同全网其他诚实节点竞争成功从而实施攻击,工作量证明也一定程度地增加了攻击的困难性。

PoW共识机制是保障比特币系统安全运行的关键,然而随着时间的推移,PoW共识机制的缺陷也逐渐体现出来。资源消耗巨大是PoW共识机制最显著的缺点,算力是由计算机硬件提供的,从初期的CPU到如今的专用矿机,消耗的电力资源庞大;而且由于节点还需要一定的时间付出算力资源以作为工作量证明,完成特定随机数的计算才能成功创建区块,同时需要得到其他节点的验证,降低了区块链系统的效率,无法做到交易数据的实时确认。

除此之外,PoW共识算法不适合于私有链和联盟链。首先因为PoW算法是一个最终一致性共识算法,而不是一个强一致性共识算法。企业应用需要有强一致性的共识算法来保证交易的正确性,而不能依靠概率来决定。另一个原因是其共识效率低,提升共识效率又会牺牲共识协议的安全性。

PoW共识算法适用于比特币的原因在于比特币通过巧妙的矿工奖励机制来提升网络的安全性。矿工通过挖矿获得比特币奖励以及记账所得的交易费用,而破坏网络的非诚信行为都会损害矿工自身的利益。因此矿工更希望维护网络的正常运行,即使有些比特币矿池具备强大的算力也没有作恶的动机,反而有动力维护比特币的正常运行。

4.3　PoS共识机制

为了弥补PoW共识机制的能耗问题,不需要耗费大量算力资源的权益证明机制(Proof of Stake,PoS)也成为区块链技术中的主流共识机制。

PoS共识机制实质上是要求用户证明自己拥有一定数量的数字货币的所有权,也就是"权益"。PoS共识机制与PoW共识机制相比而言,它并不需要大量的算力就可以创建新区块,减少了大量算力资源的耗费,但只有拥有一定数量数字货币的用户才能参与创建区块。在实施权益证明机制的数字货币中,创建区块的过程由于并不需要耗费大量算力,因此一般不称"挖矿",而称为"铸币"。

PoS共识机制中还引入了"币龄"的概念。币龄在区块链发展早期是用于比特币区分交易的优先级,但并没有在比特币安全模型中承担关键作用。币龄是指货币数量与货币持有时间的乘积。如Alice向Bob发送了55个货币,Bob持有了这些货币5天的时间,则Bob收集到5×55=275的币龄;如果Bob随后花费了这些货币,则系统会认定 Bob 收集到的币龄已被"消费"。此时,根据 PoS 共识机制,Bob 创建新区块的能力也就归零了。显然,权益证明的理念是新区块的创建应该由具有经济权益的用户决定。

PoS 共识机制在 2012 年 8 月由极客 SunnyKing 发布的点点币中首次实现。PoS 共识机制是出自这个新型区块链系统中的一种特殊交易形式,称为"币权交易"(coinstake,其命名规则与比特币的 coinbase 交易类似)。在币权交易中,规定货币所有者可以将其持有的货币发送给自己的账户,从而消耗币龄获得铸币的权限并获取部分利息,也保证用户在创建新区块后币龄归零。

PoS 共识机制将主链定义为消耗币龄高的链,每个区块的交易都会将其消耗的币龄提交给该区块以作为区块的积分,累计积分最高的即总消耗币龄最大的区块链。在这种情况下,攻击者如果想发起对主链的攻击,必须要拥有大量货币,并且要累积到足够多的币龄才行,攻击者得到 PoS 系统中大部分货币的代价理论上比掌握比特币系统中大部分算力代价更高。而且一旦实施攻击,破坏货币体系的同时自身拥有的大量货币也会受损,这使得攻击者的行为存在悖论。同时完成一次币权交易后攻击者拥有的币龄立即清零,这也减少了攻击的持续性。

PoS 共识机制是应用最为广泛的新型共识机制之一,与 PoW 共识机制相比,它具有以下优势。

首先,PoS 共识技术使 PoW 共识机制算力资源浪费的问题有所缓解。在工作量证明系统中,生成区块的概率和矿工工作量成正比,而在权益证明系统中,区块生成的概率和币龄成正比,因此用户不需要耗费大量的算力资源来抢夺铸币权,矿工们也不再需要消耗大量资源进行算力军备竞赛。

其次,由于掌握大量货币成了攻击者实施成功攻击的必要条件,攻击者对货币系统的攻击代价大大提高,攻击持续的难度也有所增加,如果在一个规模庞大的数字货币系统中,其攻击成功可能性是非常低的。

最后,因为货币所有者和利益相关人一般持有大量数字货币,他们会更倾向于维护区块链数字货币系统的安全,一旦基于 PoS 共识机制的区块链遭到攻击,货币体系遭到破坏,他们将遭受严重的经济损失。

但 PoS 共识机制也存在一定的缺陷。

首先是初始币的分发。基于权益证明机制的加密货币一般使用以下两种方式对初始币进行分发:一种是初期借用 PoW 机制进行挖矿,待货币系统稳定后使用 PoS 机制进行系统维护;另一种是采用首次公开募股(Initial Public Offerings,IPO)的方式。但是采用 IPO 的方式发行货币会使货币集中在开发者和少数人手中,使得货币系统缺乏信任基础的。

其次是囤币行为的自发形成。在基于 PoS 机制的区块链中币权交易通过销毁币龄来生成区块和获得利息,但被打包进区块的其他普通交易的币龄也会因此被重置为零,这些币龄并不会为货币持有者带来收益,因此用户会更倾向于囤积货币,降低上线频率,导致区块链系统交易活跃性下降,同时掌握大量货币的用户可能会直接垄断记账权。

4.4 DPoS 共识机制

授权股权证明机制(Delegated Proof of Stake,DPoS),它是一种综合完善 PoW 共识机制和 PoS 共识机制的新型共识算法。这种共识算法首次应用是在 Bitshares 中,后来 Crypti、EOS、Lisk 等也采用了 DPoS 共识机制。

授权股权证明机制最主要的特点是引入了见证人(Delegate)这个概念。新的区块不再是由区块链系统根据特定算法选出,而是由权益随机投票选出的 N 名见证人。

每个持有数字货币的用户相当于拥有一个选票的选民,最终得票前 N 位的见证人即担当代表,代表的数目 N 为至少有 50% 的节点认为已经充分去中心化的数量。见证人的候选名单每个维护周期(一般为 1 天)更新一次。见证人然后随机排列,每个见证人按序有 2 秒的权限时间生成区块,若见证人在给定的时间片不能生成区块,区块生成权限交给下一个时间片对应的见证人。DPoS 的这种设计使得区块的生成更为快速,也更加节能。

选出的代表拥有提出改变网络参数的特权,包括交易费用、区块大小、见证人费用和区块区间。若大多数代表同意所提出的改变,用户有两周的审查期,这期间可以罢免代表并废止所提出的改变。这一设计确保在代表在技术上没有直接修改参数的权利以及所有的网络参数的改变最终需得到持股人的同意。

DPoS 机制实质上是一种代议制共识,通过投票机制将所有用户的权力集中到了少数人手中,形成一种有约束的中心化,这种中心化会大大加快交易的确认速度,确认时间缩短到秒级。但与中心化系统的弊端类似,记账权利一旦集中,就不得不提防获得代表权的用户是否会为了自身利益而损害系统的公平公正,降低了信任基础。

4.5 其他共识机制

4.5.1 Ripple 共识机制

Ripple(瑞波)是一种基于互联网的开源支付协议,可以实现部分去中心化的货币兑换、支付与清算功能。在 Ripple 的网络中,交易由客户端(应用)发起,经过追踪节点(Tracking Node)或验证节点(Validating Node)把交易广播到整个网络中。追踪节点的主要功能是分发交易信息以及响应客户端的账本请求。验证节点除包含追踪节点的所有功能外,还能够通过共识协议,在账本中增加新的账本实例数据。图4-2所示为Ripple的共识过程中节点交互示意图。

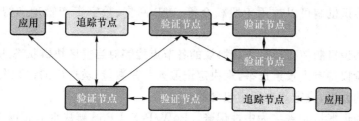

图4-2 Ripple共识节点交互示意图

Ripple的共识达成发生在验证节点之间,每个验证节点都预先配置了一份可信任节点名单(Unique Node List,UNL)。在名单上的节点可对交易达成进行投票。每隔几秒,Ripple网络将进行如下共识过程。

(1)每个验证节点会不断收到从网络发送过来的交易,通过与本地账本数据验证后,不合法的交易直接丢弃,合法的交易将汇总成交易候选集(candidate set)。交易候选集里面还包括之前共识过程无法确认而遗留下来的交易。

(2)每个验证节点把自己的交易候选集作为提案发送给其他验证节点。

(3)验证节点在收到其他节点发来的提案后,如果不是来自UNL上的节点,则忽略该提案;如果是来自UNL上的节点,就会对比提案中的交易和本地的交易候选集,如果有相同的交易,该交易就获得一票。在一定时间内,当交易获得超过50%的票数时,则该交易进入下一轮。没有超过50%的交易,将留待下一次共识过程去确认。

(4)验证节点把超过50%票数的交易作为提案发给其他节点,同时提高所需票数的阈值到60%,重复步骤3和步骤4,直至阈值达到80%。

(5)验证节点把经过80%的UNL节点确认的交易正式写入本地的账本数据中,称为"最后关闭账本"(Last Closed Ledger),即账本最后(最新)的状态。

Ripple共识算法的独特之处在于它不是在全网一次性达成共识,而是在UNL子网中达成共识。在Ripple的共识算法中,参与投票节点的身份事先知道,因此算法的效率比PoW等匿名共识算法要高效,交易的确认时间只需几秒钟。当然,这点也决定了该共识算法只适合于权限链(permissioned chain)的场景。同时,Ripple共识算法假设拜占庭节点数少于所有节点数的20%,需要任意两个UNL间重合的节点数至少占最大URL节点数的20%。另外UNL中的任意节点串通作恶的概率需要小于20%。Ripple共识算法的拜占庭容错(BFT)能力为$(n-1)/5$,即可以容忍整个网络中20%的节点出现拜占庭错误而不影响正确的共识。

4.5.2 小蚁共识机制

基于小蚁共识机制的区块链技术,是将实体世界的资产和权益进行数字化,通过点对点网络进行登记发行、转让交易、清算交割等金融业务的去中心化网络协议。小蚁共识机制可以被用于股权众筹、P2P 网贷、数字资产管理和智能合约等领域。

小蚁共识机制使得运行小蚁协议的各节点能够对当前区块链状态达成一致意见。通过股权持有人投票选举,来决定记账人及其数量;被选出的记账人完成每个区块内容的共识,决定其中所应包含的交易。

小蚁的记账机制被称为中性记账。PoW/PoS/DPoS 解决谁有记账权的问题,而中性记账则侧重于解决如何限制记账人权力的问题。在中性记账的共识机制下,记账人只有选择是否参与的权力,而不能改变交易数据,不能人为排除某笔交易,也不能人为对交易进行排序。

小蚁的中性记账区块链可以做到:

(1)每 15 秒产生一个区块,优化后有望达到小于 5 秒;
(2)单个记账人不能拒绝包含某笔交易进入当前区块;
(3)每个确认由全体记账人参与,一个确认就是完全确认;
(4)结合超导交易机制,记账人不能通过构造交易来抢先成交易牟利。

小蚁股权持有人可以发起选举记账人交易,对所选择数量的(1~1 024 个)候选记账人进行投票支持。一般认为,记账人应当实名化,候选记账人应当通过其他信道提供能证明其真实身份的数字证书。

小蚁协议实时统计所有投票,并计算出当前所需记账人的人数和记账人名单。为确定所需记账人数,将所有选票按支持人数排序,按所持小蚁股权的权重取中间的 50%,然后求算术平均值。当人数不足最低标准时,启用系统预置的后备记账人来顶替。所需记账人数确定后,按由高到低的得票数确定记账人名单。

以区块随机数的生成来了解小蚁共识机制,每个区块生成前,记账人之间需要协作生成一个区块随机数。小蚁使用 Shamir 秘密共享方案(Shamir's Secret Sharing Scheme,SSSS)来协作生成随机数。

依据 SSSS 方案,可以将密文 S 生成 N 份密文碎片,持有其中的 K 份,就能还原出密文 S。小蚁记账人(假设为 N+1 个)之间通过以下三步对随机数达成共识:

(1)自选一个随机数,将此随机数通过 SSSS 方案生成 N 份碎片,用其他 N 个记账人的公钥加密,并广播。
(2)收到其他 N 个记账人的广播后,将其中自己可解密的部分解密,并广播。
(3)收集到至少 K 份密文碎片后,解出随机数;获得所有记账人的随机数后,合并生成区块随机数。

区块随机数由各个记账人协同生成,只要有一个诚实的记账人参与其中,那么即便其他所有记账人合谋,也无法预测或构造此随机数。

在上述区块随机数生成的第一步的广播中,记账人还同时广播其认为应该写入本区块的每笔交易的哈希值。其他记账人侦听到广播后,检查自己是否有该交易哈希值的对应数据,如没有则向其他节点请求。

当区块随机数产生后,每个记账人合并所有第一步广播中的交易(剔除只有哈希值但无法获得交易数据的交易),并签名。获得 2/3 记账人的签名,则本区块完成;否则,共识失败,转回随机数共识的第一步,再次尝试。

4.5.3 Algorand 共识机制

Algorand 共识机制的中的"Algorand"一词是由"algorithm(算法)"和"random(随机)"两个词组合而成的,顾名思义,Algorand 共识机制就是基于随机算法的公共账本协议。它实际上可以看作权益证明(PoS)的一个升级版本,目标是降低资源与计算力的消耗、增加区块链的可拓展性、消除区块链出现分叉的可能性。

Algorand 共识算法的核心机制是 Micali 教授开发的一个称为 BA* 的拜占庭协议,并通过这个 BA* 协议对新区块达成共识。BA* 每次循环有 3 个子步骤,在每次循环后均有 1/3 以上的概率能达成共识。一旦"验证者"对某一个新区块达成共识,超过一半的"验证者"再用自己的私钥对该区块进行电子签名,该区块就可以开始在 Algorand 网络中传播。在 P2P 网络通信下,BA* 每次循环的每一个子步骤均由全新的、独立随机选择的参与者执行。假设用户数量达到百万级,BA* 协议每次循环的每一个子步骤的参与者都可以完全不一样,而且每一批参与者都无法确定下一批参与者是谁,从而无法形成共谋。

Algorand 共识算法的具体流程如下:

(1)创建并不断更新一个独立参数,称为"种子"。

(2)在 BA* 每次循环中,基于当前"种子"参数构建并公布一个随机算法,该随机算法中的一个关键参数是用户的私钥。

(3)每个用户使用自己的私钥运行系统公布的随机算法,得到自己的凭证。凭证值满足一定条件的用户就是这一轮的"验证者",其中在第一个子步骤中凭证值最小的"验证者"则称为"领导者","领导者"的任务是在区块生成阶段创建区块,"验证者"的任务是对新区块达成共识。他们需要组装一个新区块并连同自己的凭证一起对外发出。

(4)在确认"领导者"的凭证后,所有"验证者"将基于"领导者"组装的新区块运行拜占庭协议 BA*。

(5)拜占庭协议 BA* 相当于一个两阶段的投票机制。第一阶段,"验证者"对其收到的候选区块运行分级共识协议,选出"验证者"共识最多的候选区块;第二阶段,"验证者"对第一阶段选出的候选区块,运行二元拜占庭协议(Binary Byzantine Agreement),即接受新区块或接受空区块。需要强调的是在每一阶段中的每一个子步骤,Algorand 算法可能使用完全不同的"验证者"。

从上述过程可以看出,第一,"验证者"是不能提前获知自己是否选中,同时只有向外公布凭证才能证明"验证者"的资格,即使攻击者可以瞬间腐化身份公开的"验证者",但已不能篡改或撤回他们已经对外发出的消息;第二,"领导者"是在所有"验证者"公布凭证并进行比较后才确定的,可以视为由公共选举产生;第三,种子参数构建随机算法的性质决定了事先很难判断成为"验证者"的用户,"验证者"的选择过程难以被操纵或预测。

4.5.4 神经网络共识机制

神经网络共识机制是由元一提出的基于"微实数"的异步排序技术($\in$-Differential Agreement),将原本离散投票的共识问题转化为对异步系统中大规模并发请求的处理以及在此环境下数据的排序问题,并且使用参数来动态调整算法从而达到更好的鲁棒性和并发性。

神经网络共识机制对于网络的整体连通性有很强的鲁棒性,在非全连通网络的环境下,甚至是每次网络连接比例较小的系统中也能够正常运行。神经网络共识算法的另外一大显著特点就是线性扩展性,即性能随节点规模增大而线性加速,节点规模越大,收敛越快,性能越好。其工作原理是通过多次不完全随机采样逐步覆盖系统全部特征,将传统共识协议的决策结果由离散型转变为连续型,通过具有收敛性的函数将系统内各节点的决策进行压缩,范围小于预设阈值$\in$时,则认定决策结果一致,可将结果作为排序依据。

该机制以一个虚拟数轴上坐标的位置作为区块排序的依据,这样区块的排序不再依赖于前置区块,此外,通过架构分离,将共识协议与前端的重复性检验、后端的存储技术分离开来,不但拥有良好的可移植性,同时完全摆脱现有共识协议不能并行的性能瓶颈,为数据的大规模处理提供了有效实用的方法,大幅度提高了系统的效率。因整个共识流程不存在对数据内容的处理或访问,其数据无关性的特点使其可以广泛地应用于金融、电子政务、溯源跟踪等多种场景。

思 考 题

(1) 为什么要引入拜占庭容错?你是怎样理解拜占庭容错的?
(2) PoW 共识机制的优势与缺陷是什么?它的具体算法是怎样的?
(3) PoS 共识机制的优势与缺陷是什么?它的具体算法是怎样的?
(4) DPoS 共识机制的优势与缺陷是什么?它的具体算法是怎样的?
(5) 简述 Ripple 以及小蚁共识机制的实现。

第5章 比特币详解

比特币系统通过对交易信息进行连续不断的固化和透明化，形成全网可掌握的分布式账本，建立了陌生人之间的信任机制；通过制定需要投入算力资源的共识机制确保比特币系统的规则，进而促进了网络中交易者与维护者之间形成共生与信任的良好关系。上述优势通过比特币的运行流程保证实现，比特币的运行可以分为两部分：(1)比特币用户之间的交易和信息交流过程，重点在于如何保证信息的固化和透明化；(2)比特币维护者的信息封装与"造链"过程，重点在于对交易信息的收集、验证和封装，以及其中达成的共识机制。

5.1 比特币简介

比特币是一种基于P2P网络的电子现金系统，它以密码学技术、共识机制为支撑，设计初衷是实现无须第三方中介机构的点对点交易支付的目标，目前比特币已经成为全球范围内使用范围最广、交易规模最大的数字货币。本章将以中本聪发表的《比特币白皮书》为依据，详细地介绍比特币的运作机理及相关概念。

比特币的交易记录都会存储在数据区块之中，比特币系统通过"挖矿"产生区块，区块中封装有时间戳、前一区块的哈希值（可看作前一区块的地址）、交易数据、随机数、当前区块的目标哈希值等信息（如图5-1所示）。

其中，时间戳用于唯一标识当前区块的写入时间；区块的哈希值是指对区块中的所有数据进行散列化的输出结果；交易数据实质上仅是指Merkle树的根散列值，这是由于为了将在"挖矿"的10分钟内全球范围的交易信息纳入区块的存储中，交易信息将进行随机散列处理，并构建成Merkle树（一种数据结构）的形态，最后压缩成Merkle树的根散列值存储在区块中。随机数则涉及比特币的共识机制——工作量证明，工作量证明利用了哈希函数的单向性、灵敏性和抗碰撞性，在区块中增加的随机数要求能使得给定区块的哈希值开头出现特定数量的0，"挖矿"的目标就是耗费计算量找到这个随机数，证明"矿工"所作的工作量。

而比特币的底层架构——区块链（如图5-2所示），顾名思义，就是通过将上述区块通过"哈希锁链"按照时间序列连接到一起，支撑起了安全可靠、不可篡改的比特币分布式系统。

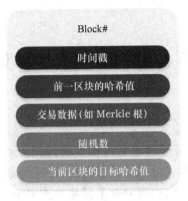

图 5-1 区块示意图

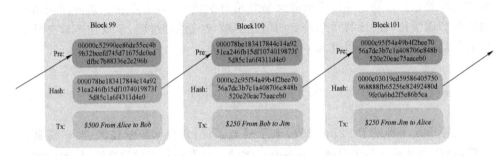

图 5-2 区块链简易示意图

中本聪只是创建了比特币的第一个区块——创世区块,而后比特币中的新区块都是通过"挖矿"一个一个地产生的,"挖矿"实质上就是通过计算力穷举随机数,将前区块数据的哈希值、当前区块的时间戳、交易信息等加上一个随机数散列化,输入的随机数要使当前区块的哈希值满足一个条件,最快计算出该随机数的"矿工"就能获得新区块的交易记账权。

比特币的分布式则体现在它的组网方式——P2P(Peer-to-Peer,点对点)网络。点对点网络是指位于同一网络中的每个节点都是彼此对等的,各个节点共同提供网络服务,不存在任何服务端、中央化的服务以及层级结构。比特币系统中的区块就像一个记账本一样,记录了比特币用户所有的交易信息,每一个比特币用户的比特币收支状况都被永久地嵌入了数据区块中,每个比特币网络的节点都是路由、区块链数据库、挖矿、钱包服务的功能集合。而用户就是一个个比特币网络的节点,每一个比特币用户节点都存储着比特币的整条区块链,所有的节点组成了比特币及其分布式数据库系统。由于节点中都保存了完整的数据库,任何一个节点的数据被破坏都不会影响整个数据库的正常运转。

5.2　比特币的发行机制

比特币的激励机制约定，每个新区块会自动生成一笔交易作为区块的第一笔交易，即新区块的创造者将获得比特币系统奖励的一定数量的比特币，而比特币的货币发行总量其实就是这所有创建区块奖励的总和。在没有中央机构管控的情况下，这个机制因此增加了参与者支持比特币系统持续运行的激励，同时限制了通货膨胀的发生。

比特币的发行是通过挖矿奖励进行的，每当一个区块被挖出就会根据奖励规则奖励一定数量的比特币。比特币的货币发行总量是有限的，从长期来看，它是一种通货紧缩货币，比特币中的新币奖励是递减的。比特币系统规定，每挖出21万个区块，"挖矿"的比特币奖励减半，第1~210 000个区块的"挖矿"奖励为50个比特币，第210 001~420 000个区块"挖矿"奖励为25个，以此类推，可以发现这个奖励是一个递减的等比数列，如50, 25, 12.5……直到最后奖励不足1聪。同时限制比特币的最终发行总量约为2 100万枚。

而"10分钟"这个"固定"的时间实际上则是因为比特币系统的挖矿难度调节算法，通过调节目标哈希值开头0的个数进行"挖矿"难度动态调整，保证平均每10分钟只有一新区块被创建成功。

5.3　比特币的交易流程

在区块链中，对于买方和卖方而言，交易双方首先需要在区块链系统中进行身份的确认，即拥有一个在区块链系统中唯一且能够最终被验证和访问到的身份。

比特币系统是当前最成功的区块链应用。目前已经形成完备的生态圈与产业链，其整体交易运行框架如图5-3所示。

由于比特币系统的开源特性和关注度，研究者们会深入探索比特币的运行机理，为比特币系统持续性地完善其技术、功能和机制。比特币的经济激励刺激着矿工进行算力竞争，而矿工也为比特币系统的持续稳定运作提供算力。矿工的算力军备竞赛也大大地促进了挖矿设备的发展，设备商不断更新提高计算机算力形成专用的挖矿设备。随着挖矿设备的专业化，部分矿工为了获得更稳定的收益，相互合作汇集算力形成矿池。在比特币系统的流通环节中，持币人可以通过比特币钱包等比特币软件平台与商家进行交易，投资者也可以利用比特币交易平台进行投资，并将交易信息记录入区块链进行存储。

区块链的整个交易流程如图5-4所示。

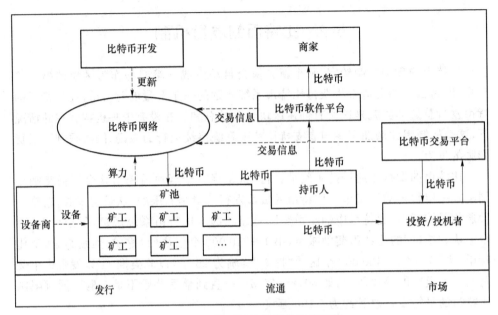

图 5-3 比特币系统的整体运行框架

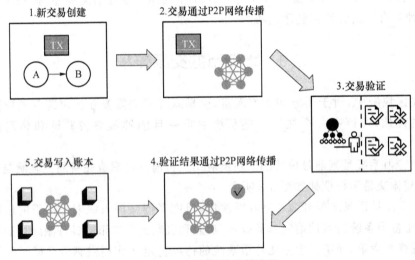

图 5-4 区块链的交易流程

每笔交易的输入都来自过去未花费的某笔交易的输出（UTXO，Unspent Transaction Output），该笔输出有接收人的地址。当新交易创建后，生成的交易就会被发送到 P2P 网络中传播，再通过工作量证明经过节点验证，最终记录到区块链。这就是区块链交易的整个生命周期。

对于普通用户来讲，不需要了解底层交易流程。因此，比特币系统以及很多第三方区块链供应商为普通用户提供了一个软件,称为"钱包"。用户可以在"钱包"软件中存放自己拥有的比特币以及私钥。

通过"钱包"软件,如果把比特币钱包简单比作成银行卡账户,那么比特币钱包地址就可以看成是银行卡账号。钱包地址的生成过程如图 5-5 所示。

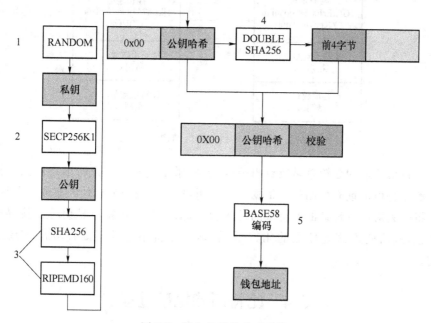

图 5-5　钱包地址的生成过程

(1)首先使用随机数发生器生成一个私钥。通常是一个 256bit 的数,这串数字就可以对相应钱包地址中的比特币进行操作,所以私钥必须被安全地保存起来。

(2)私钥经过 SECP256K1 算法处理生成了公钥。SECP256K1 是一种椭圆曲线算法,通过一个已知私钥可以算得公钥,而公钥已知时却无法反向计算出私钥。这是保障比特币安全的算法基础。

(3)同 SHA-256 一样,RIPEMD-160 也是一种哈希算法,由公钥可以计算得到公钥哈希,反之不可。

(4)将一个字节的地址版本号连接到公钥哈希头部(对于比特币网络的 pubkey 地址,这一字节为"0"),对其进行两次 SHA256 运算,将结果的前 4 字节作为公钥哈希的校验值,连接在其尾部。

(5)将上一步结果使用 BASE58 进行编码,就得到了钱包地址。

此外,每个用户可以创建大量的虚拟地址,每一个地址都对应着一些比特币以及每个地址对应的私钥,有了私钥才可以对相应的比特币进行支付或转账等操作。比特币地址是一段由数学算法生成的 27~34 位长度的字符串,一般以数字"1"或

"3"开头。每个比特币地址都对应着一个比特币私钥。比特币私钥也是由一串字符组成,一般以数字"5"开头。其具体结构如图5-6所示。

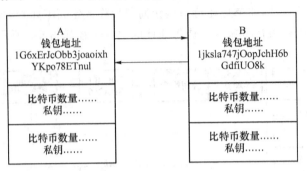

图 5-6　钱包地址结构

比特币地址和私钥总是成对出现的,比特币私钥是唯一证明用户对该私钥所对应的比特币地址有控制权的依据。一旦用户忘记、丢失或让他人窃取了私钥,该用户将失去对这一地址的比特币的控制权。此外,通过比特币私钥可以找寻比特币地址,进而使用该地址上的比特币,但是从比特币地址不能计算出该地址的私钥。

5.4　比特币的挖矿过程

由于比特币的独特设计,参与者可以通过计算能力竞争的方式获取系统奖励和支付小费,同时也维护着比特币区块链的稳定运转,这种算力竞争的行为称为"挖矿"。

区块链最重要的特点是把交易信息按时间序列保存到一个个区块上,然后向全网络每一个节点公开、由全体共识来确认,并且可追溯,最终实现历史信息不可篡改。在不同规模的区块链上,无论是公有链、联盟链、私有链,交易发生后都必须向全网广播以获取全网络的验证和确认,此时,区块链网络的维护者(在比特币中称为矿工)要做的事情就是随时监听网络广播,及时收集当前一段时间内的交易信息,然后进行验证,完成验证后就要打包到自己计算的区块内,这一流程称为信息封装流程。

5.4.1　交易信息的验证

在比特币系统中,矿工们通过挖矿软件随时监听网络中广播的交易信息内容。当某一个节点向比特币网络中发出了自己完成的交易信息的内容后,矿工们将会第一时间接收到,然后进行验证。

作为一种数字货币,比特币不是单独存在的,而是与交易信息紧密关联的。在比特币系统中无论多小数量的比特币,包括矿工成功挖矿所得到的奖励,普通用户通过购买取得的比特币,通过与其他用户之间的交易取得的比特币等,都可以追溯到比特币地址。比特币系统实现了层层交易的可追溯,也解决了比特币的"双重支付"等问题,杜绝了虚假交易。因此,矿工对接收到的交易信息首先要验证交易中的比特币是否来自区块链上已经确认过的区块中封装的交易。

上述验证通过以下方法实现:矿工需要对交易信息进行确认,这些交易信息采用脚本语言 Script 的形式编写,包括"输入"和"输出"两方面的信息。目的是确认交易双方中,支付一方的比特币是否有合法的来源;支付的金额是多少;是否采用了私钥加密,并通过该私钥签名来检验支付方是否拥有待支付的比特币;同时,确认接收方的地址并验证接收方的公钥,验证该交易中的比特币是否已"被支付过",即避免"双花问题"(同一笔资金多次使用的问题)。当一个矿工对一项交易验证通过后,矿工会将该交易广播到其他节点,同时将交易打包到自己收集的交易包内,并向交易发起者发送一条信息表示交易有效并验证通过。如果这笔交易被矿工验证为无效,该矿工的节点将拒绝接受这笔交易,并向交易发起者发送一条信息表示交易被拒绝。

以下是一个区块的脚本内容摘录。

```
In:
previous tx: f5d8de39a43as82c91a5as45672dc19d6dla0e9cea115b009cklls20
4470b9a6
Index: 456
scriptSig: 30as78206e21dfhsj53fgd3j1abd38bacd1aeed3eekr31djdh446
618c4571d1fgsjudmkht2100e2ac980643b0134642dafen6b64e3e6ba35e7ba5fd
d7fgsdd6cC8ssfgh01501
Out:
Value: 4500000000
ScriptPubKey:           OP_DUP              OP_HASHL60
404371705fa9bd789a2fcd52d2c580b65d35
549d OP_EQUALVERIFY     OP_CHECKSIG
```

上述 Script 脚本含义如下:

收入来源(In)

previous tx:为收入来源交易区块的哈希值,说明即将支付的钱是来自哪一项历史交易,它实际上是一个区块的地址,指向历史区块中的某一笔或多笔交易。

Index 值:指明是收入来源区块中具体到某一项交易的 out 值,前一个交易项中包含多个交易信息,通过 Index 值确定待支付金额是来自具体的哪一项交易。

scriptSig：交易支付方对该交易的 ESDSA 签名认可,即支付者的私钥签名。
输出方(Out)
Value：发送的币值,以聪(Satoshi)为单位,1 比特币＝100 000 000 聪。
ScriptPubKey：接收方的公钥脚本。
In 与 Out 的关系

总的原则：每笔交易 Out 的总额必须等于 In 的总额。在某些区块的脚本里,只有输入方的金额,没有输出方的金额。其原因是该交易是通过 In 的 Previous 与 index,追溯到上一个区块中的某项交易的 Out 值,从而获得 Value。

此外,在支付过程中出现找零的情况时,必须另外创建一个比特币地址来存放找回的零头,否则找回的零头会变成创建区块的矿工的交易费用,被矿工收走,造成用户损失。因为矿工收取的交易费用基于用户自愿原则,由输入与输出的比特币差额来提供,如果用户用很大的输入支付了一个较少的输出,必然有较大的差额(也就是找零),如果没有一个虚拟地址来存放这些零头(相当于用户要为这些找零创造出一个虚拟的"输出",使总的输入与总的输出相等),那么这一差额就被系统认定为用户支付给创建区块的矿工的交易费,进入到矿工的钱包。另外,比特币存放在一些地址中,用户在下一次支付中也需要用脚本语言来说明这些零头的来历,所以如果没有地址,这些信息就不能存在于比特币系统,用户的找零就不再属于自己,而流入矿工的钱包之中。

5.4.2 交易信息的封装

矿工完成交易信息的验证过程后,需要对信息进行封装,这一过程通过对前一区块的链接来实现,区块链的链接模型如图 5-7 所示。每个区块分为区块头和区块体(含交易数据)两个部分。前一区块的哈希值实际是上一个区块头部的哈希值,而计算随机数规则决定了哪个矿工可以获得记录区块的权力。

一笔交易通过上述验证过程确认后,矿工将这笔交易存储到自己计算的区块的交易组内。当经过一个特定的时间长度后,矿工们把当前这一时段内接收到的所有交易信息作为一个数据包,进行 Merkle tree 计算,目的是计算出即将创建区块的交易信息 Merkle 根,并把这个 Merkle 根写入到区块头之中,代表了本区块的所有交易的信息。Merkle 根是对全部信息的逐级哈希浓缩,最终形成区块中全部交易的汇总值,在对全网络的节点进行区块链的历史信息验证时,通过比对 Merkle 根就可快速发现交易信息是否发生了篡改。区块链的封装的结构如图 5-8 所示。

作为区块链的基本结构单元,区块由包含元数据的区块头和一系列交易数据的区块主体构成,它是一个记录交易信息的数据容器。其中,区块头由三组元数据构成：第一组是索引父区块哈希值的数据,它用于链接前面的一个区块；第二组是 Merkle 树根数据,它能够总结区块中的所有交易并快速归纳和校验大规模数据的

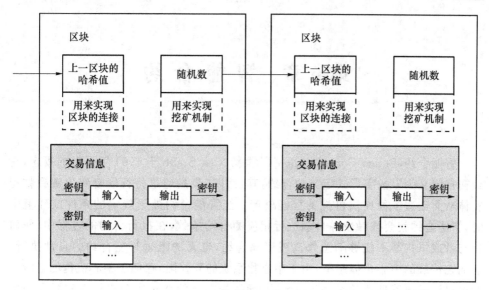

图 5-7 区块链的链接

区块头	版本号	4字节
	父区块头的哈希值	32字节
	Merkle根	32字节
	时间戳	4字节
	目标值	4字节
	Nonce	4字节
区块主体		

图 5-8 区块的封装

完整性;第三组是与挖矿有关的难度目标、时间戳和 Nonce 数据,其中 Nonce 是用于工作量证明算法的计数器。每个区块头都拥有各自的哈希值,通过识别哈希值可以识别出相应的区块。区块与区块之间通过父区块哈希值的索引建立起对应的连接关系,进而组成一条完整的区块链。

思 考 题

(1)比特币的交易流程的组成要素是什么?
(2)请简述比特币系统的整体运行框架,你认为该框架的优势是什么?
(3)请简述钱包地址的生成机制,通过钱包地址可以逆向分析出公钥和私钥吗?
(4)如何验证交易中的比特币是否来自区块链上已经确认过的区块中封装的交易?
(5)区块头的长度是多少?

第 6 章 智 能 合 约

智能合约(Smart Contract)是密码学家 Nick Szabo 于 1994 年提出的概念,它最初被定义为以数字形式定义的合约,其设计初衷是通过将智能合约内置到物理实体从而创造各种灵活可控的智能资产。当智能合约处于规定的条件或环境中时,智能合约就会被触发并自动执行相应的合约条款,在执行合约的过程中,任何参与者或机构都不能够随意修改或删除合约,也无法阻碍智能合约的自动执行。然而在传统的中心化体系下,由于中心化系统的高权限,存储于中心机构的智能合约可以被系统管理者随时修改或删除,导致智能合约在过去几乎没有实际利用价值。但是随着区块链技术的发展,智能合约在以太坊中得到很好的应用,推动了区块链 2.0 时代的开启。

6.1 智能合约概述

6.1.1 智能合约概念

以太坊的出现,使得智能合约在区块链技术中展现出了实用价值,重新定义了智能合约。智能合约作为区块链技术的核心架构之一(合约层),是一种可由事件驱动的、具有状态、运行在区块链上的计算机程序,以数字化方式传播、验证或执行合同,进而控制和管理区块链上的智能资产。

在区块链技术中,智能合约可看作一种嵌入式程序,能够内置于数据区块中,形成可编程控制的数字化系统。在部署智能合约之前,会预先制定好与合约相关的所有条款的逻辑流程,当预先编程好的条件被触发时,智能合约便会自动执行相应的合同条款,用户与智能合约的交互行为都需要严格遵守此前制定的逻辑流程,以防止出现违约行为。

智能合约与区块链同样具备分布式存储验证、不可篡改伪造等特征。签署合约的参与方需要就合约内容、违约条件、违约责任和外部核查数据源达成一致,必须对合约代码进行检查和测试,在确保无误后才能以智能合约的形式部署在区块链上,形成可不依赖任何中心机构、自动化地代表各签署方执行的合约。

智能合约模型示意如图 6-1 所示,其中各组成部分的定义如下。

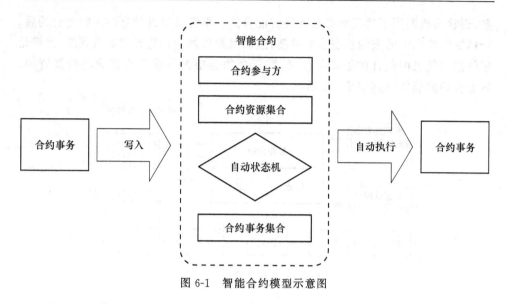

图 6-1 智能合约模型示意图

（1）合约参与者：执行智能合约的相关参与者；

（2）合约资源集合：智能合约执行涉及的参与者资源，比如参与各方账户、拥有的数字财产等；

（3）自动状态机：智能合约下一步执行的关键，包括当前资源状态判断、下一步合约事务执行选择等；

（4）合约事务集合：智能合约的下一步动作或行为集合，控制着合约资产并对接收到的外界信息进行回应。

虽然从法律范畴上来说，智能合约是否是一个真正意义上的合约还有待研究确认，但在技术应用上，智能合约不仅为传统金融资产的发行、交易、创造和管理提供了创新性的解决方案，同时在社会系统中的监管执法、合同规范和资产管理等事务中也发挥了重要作用。

可用银行账户的管理流程类比于智能合约的应用。在传统方式中，账户存款取款等操作必须由中心化银行通过一定的流程进行授权完成，而智能合约能够完全代替中心化的银行职能，所有账户操作都已预先通过严密的逻辑运算制定，在操作执行时，只要正确地调用合约即可完成，无须银行参与。但由于智能合约一旦成功部署，就不会再受到人为的干预，从而无法随时修正智能合约设计中出现的漏洞，这也要求智能合约的编写者深入了解操作流程的各个细节，并进行合理设计。

6.1.2 智能合约运作机理

基于区块链的智能合约的运作主要是通过事务及事件处理和保存的机制，以及状态机完成。其中，事务主要指需要发送的数据，事件是对上述数据的描述信息,而状态机则用于接受和处理各种智能合约。事务及事件信息传入智能合约后,合约资源集合中的资源状态会被更新,进而触发智能合约进行状态机判断,当满足事件描述信息中包含的触发条件时,智能合约会根据条款输出预设的数据资源。智能合约的运作机理如图 6-2 所示。

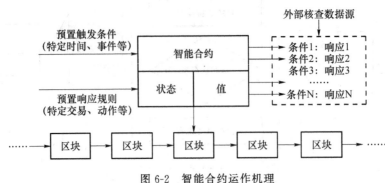

图 6-2 智能合约运作机理

基于区块链的智能合约构建及执行分为三个步骤:合约制定、合约传播和自动执行。

"合约制定"的过程一般按照如下流程进行:

(1)首先用户需要注册成为对应区块链的用户,注册成功后系统会返回一个公钥和一个私钥,其中公钥作为用户在区块链上的账户地址,私钥作为操作账户的标识;

(2)参与用户根据需要商定合同,其中包含参与者的权利和义务,然后对该合同进行机器语言编程;

(3)参与者还需分别用各自私钥进行签名,以确保合约的有效性,并发送到区块链系统中。

"合约传播"的流程如下:

(1)制定好的合约通过 P2P 网络发送至区块链系统中的每个节点,区块链中的验证节点会先存储起收到的合约,等待新一轮的共识时间,触发对该份合约的共识和处理。

(2)验证节点将这段共识时间内收集的所有智能合约打包成一个合约集合,并计算该合约集合哈希值,并组装成一个区块结构向全网传播;在其他验证节点收到该区块结构后,将提取出合约集合的哈希值与自己存储的合约集合的进行比较,并发送其认可的合约集合。

(3)通过一定轮次的比较与发送,所有的验证节点最终在规定的时间内对最新的合约集合达成一致。收到合约集的节点,都会对每条合约的签名进行验证,验证通过的合约才会最终写入区块链中。

最新达成的合约集合会以区块的形式传播,如图6-3所示。

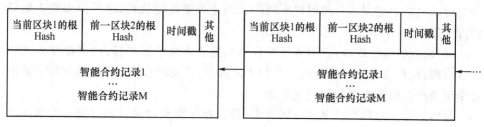

图6-3 合约区块链示意图

"自动执行"的过程,按照以下流程进行:

(1)区块链系统会定期检查智能合约的状态,逐条遍历每个合约内包含的状态机、事务以及触发条件,然后将条件满足的事务推送到待验证的队列中,等待共识,未满足触发条件的事务将继续存放在区块链上。

(2)推送至验证队列的事务也将传播到每一个验证节点进行签名验证,确保事务的有效性;验证通过的事务会进入待共识集合,达成共识后,事务将会被成功执行并通知用户。

(3)事务执行成功后,智能合约内含的状态机会判断所属合约的状态,当所属合约中所有的事务都顺序执行完成后,状态机会将合约的状态标记为完成,并在最新生产的区块中移除该合约。

6.1.3 智能合约的特点

目前智能合约还未被广泛应用和实践,但其优点已得到研究人员和业内人士的广泛认可。总体来说,智能合约具有以下优点。

(1)高效实时更新:由于智能合约的执行不需要人为的第三方权威或中心化代理服务的参与,其能够在任何时候响应用户的请求,大大提升了交易运行的效率。用户不需要等待银行开门就可以办理相关的业务,通过网络即可方便快捷地解决。

(2)准确执行:智能合约的所有条款和执行过程是提前制定好的,并在计算机的绝对控制下进行。因此,所有执行的结果都准确无误,不会出现不可预料的结果。这也是传统合约制定和执行过程中所期望的。

(3)较低的人为干预风险:在智能合约部署之后,合约的所有内容都将无法修改,合约中的任何一方都不能干预合约的执行,也就是说任何合约人都不能为了自己的利益恶意毁约,即使发生毁约事件,事件的责任人也会受到相应的处罚,这种处罚也是在合约制定之初就已经决定好的,在合约生效之后无法更改。

(4)去中心化权威:一般来说,智能合约不需要中心化的权威来仲裁合约是否按规定执行,合约的监督和仲裁都由计算机来完成。在区块链上的智能合约更具有这一特性,在一个区块链网络中一般不存在一个绝对的权威来监督合约的执行,而是由该网络中绝大部分的用户来判断合约是否按规定执行,这种大多数人监督的方式是由 PoW 或 PoS 技术来实现的。

(5)较低的运行成本:正因为智能合约具有去人为干预的特点,其能够大大减少合约履行、裁决和强制执行所产生的人力成本,但要求合约制定人能够将合约的各个细节在合约建立之初就确定下来。

虽然智能合约具有许多显著的优点,但也存在安全隐患。如智能合约本质上是一份代码程序,难免会有因为考虑不周导致出现的代码漏洞,由于智能合约在成功部署后的不可篡改性,智能合约存在严重的代码安全问题。

6.2 以太坊智能合约

以太坊为智能合约的实现提供了运行环境,突破了比特币对区块链应用的限制,让人们对区块链的认识不再局限于数字货币,从而带动区块链在其他领域中的广泛应用。

6.2.1 以太坊概述

以太坊(Ethereum)是一个平台和编程语言,包括数字货币以太币(Ether),以及用来构建和发布分布式应用的以太脚本(EtherScript)。以太坊可以用来编程、处置、担保和交易任何事物:投票、域名、金融交易所、众筹、公司管理、合同和大部分合约、知识产权,以及得益于硬件集成的智能资产等。以太脚本具有图灵完备性,允许通过合同来编写代码,每一个合同相当于一个自动代理,当合同接收到一项交易后,合同就会运行特定代码,这段代码能发送交易或修改合同内部的数据存储,甚至能修改合同自身的代码。其目标是基于脚本、竞争币和链上元合约(On-chain Meta-protocol)概念进行整合和提高,使得开发者能够创建任意的基于共识的、可扩展的、标准化的、特性完备的、易于开发和协同的应用。

以太坊是以"智能合约"为主要功能的一种分布式计算平台,它提供了一种分布式虚拟机——以太坊虚拟机(Enthereum Virtual Machine,EVM)。这种虚拟机采用系统内含的加密货币——以太币,可执行点对点合约。但以太坊并不是以创造某种"币"为最终目的,而是致力于成为一个优秀的底层合约,在其基础上可以创建任意高级的合约、货币及其他去中心化应用。这个特点使以太坊成为平台而不是一种单一的应用,在以太坊平台上,有创意的开发者将不再需要启动自己的区块链,开发者可以简单地用以太坊脚本编码实现他们的想法。简而言之,以太坊是一个去中心化的创新基础平台。

6.2.2 以太坊技术原理

1. 以太坊账户

与比特币纯粹采用交易列表不同,在以太坊系统中,基本单元被称为"账户"(每个账户为一个20字节的地址),以太坊网络追踪每个账户的状态,所有以太坊区块链的状态转换都是账户之间的信息和价值转移。

以太坊中只有两类账户,外部持有账户和合约账户。

(1) 外部持有账户(Externally Owned Account,EOA),由一个公钥-私钥对控制,地址由公钥决定。外部账户没有代码,用户可以通过私钥来创建和签名一笔交易,从而主动向其他账户发起交易(transaction)进行消息传递。

(2) 合约账户(Contract Account,CA),被存储在账户中的代码控制,其地址由合约创建者的地址和该地址发出过的交易随机数 Nonce 共同决定。CA 账户只能被 EOA 账户"激活",不可以主动向其他账户发起交易,但可以"响应"其他账户进行消息调用(message call)。

以太坊的账户实质上是一种数据结构,对于以太坊两种类型的账户,其字段组成如表 6-1 所示。

表 6-1 以太坊账户的字段信息

序号	字段	名称	作用
1	Nonce	随机数	用于确定每笔交易只能被处理一次的随机数
2	Balance	余额	表示账户所对应地址的以太币余额
3	storageRoot	储存根节点	账户内容 Merkle 树的根节点哈希值
4	codeHash	代码哈希	账户 EVM 代码的哈希值

Nonce:随机数,用于确定每笔交易只能被处理一次。EOA 账户中,Nonce 为发送的交易序号,CA 账户中,Nonce 为合约创建的序号。

Balance:余额,账户拥有以太币数量,单位为伟(Wei),$1Ether=10^{18}Wei$。

storageRoot:存储根节点,账户内容的 MerklePatricia 树根节点的哈希编码。

codeHash:代码哈希,与账户关联的 EVM 代码的哈希值,外部账户的 codeHash 为一个空字符串的哈希,创建后不可更改。状态数据库中包含所有代码片段哈希,以便后续使用。

两种类型账户的区别是:EOA 账户通常是由人类用户来控制的,人类用户通过控制私钥进而掌控 EOA 账户。而 CA 账户是由其内部代码管理的。

以太坊区块链的所有动作都由外部控制账户 EOA 发起的交易来驱动,每当交易账户接收到一项交易时,由发送来的交易的参数指引其代码执行。合约代码由每个网络参与节点的以太坊虚拟机(EVM)运行,这也是节点验证新区块的一个环节。

2. 消息和交易

以太坊中"交易"是指存储从外部账户发往区块链上另一个账户消息的签名数据包,区块链会记录并存储相应的数据。"交易"在以太坊平台中用一种数据结构来表示,其中主要字段如表 6-2 所示。

表 6-2　以太坊消息的主要字段信息

序号	名称	作用
1	消息接收者	消息的接收方
2	签名数据	用来确认发送者身份的签名
3	交易价值	发送方转让给接收方的以太币的数量
4	可选字段	包含发送到合约的消息
5	STARTGAS	执行该交易允许消耗的最大计算费用
6	GASPRICE	每一计算步骤需要支付的费用

表中前三个字段是加密货币中的标准字段,是每一笔交易中必须有的,"消息接收者"用来表明消息的接收方,"签名数据"是用来验证交易发起者身份的签名,"交易价值"表明交易发起者转让给接收者以太币的数量。"可选字段"默认不包含数据,但可以用作储存发送到合约的数据。

STARTGAS 和 GASPRICE 字段是以太坊用来预防拒绝式攻击的字段,为了防止代码出现指数型爆炸或者是无限循环,每笔交易都需要对执行代码所引发的计算步骤作出限制,GASPRICE 是每一计算步骤需要支付的费用,STARTGAS 是交易执行过程中允许使用的最大费用。通过这种限制,可以让攻击者为他们消耗每一种资源,包括计算,带宽和存储支付费用,且消耗网络资源越多,则交易成本就越大。

以太坊的"消息"是由合约发送给另一合约。消息是一种虚拟的对象,不能被序列化,只存在于以太坊的执行环境中。可以由函数调用产生。一个消息包含以下内容:

(1)消息的发送方;

(2)消息的接收方;

(3)交易价值,是指交易发起者转让给接收者以太币的数量;

(4)可选数据域,它是实际输入合约中的数据;

(5)STARTGAS 字段作用和"交易"中的相同,限定了由消息触发的代码执行所能引发变化的最大数量。

消息是由合约而不是外部账户产生的,除此之外消息与交易基本上比较相似,当一项正在执行的合约执行到"调用"(Call)或"代理调用"(delegate call)代码时,就会产生和执行"消息"。和交易一样,消息也会导致接收方账户运行代码。

3. 燃料(Gas)

以太坊在区块链上的执行环境为 EVM 虚拟机,参与网络的每个节点运行 EVM 虚拟机,这也是区块验证协议的一部分。节点对所验证的区块中列出的交易进行验证,并运行虚拟机中的交易所触发的代码。网络中的每个完全节点都完成相同的事情、存储相同的数值。以太坊并不优化计算效率,而是采取并行处理,这种方式很容易达成共识,但这种在节点之间进行冗余合约执行的方式费用较为昂贵,促使用户减少使用区块链计算而增加离链计算。

由于消息或交易的触发,合约开始执行时,它的每一条指令都在网络的每个节点上执行,这就产生了一种成本:每个执行的操作都要花费成本,采用燃料单位(Gas unit)数来表示燃料(Gas)是指交易的发送方需要为在以太坊区块链上的每一项操作支付的费用,包括计算、存储,这些费用要使用以太坊的内部加密货币(以太币)来支付。这些费用之所以称为燃料,是因为交易费的作用类似一种加密的燃油,可以驱动智能合约的运动。当 EVM 执行交易时,燃料将按照特定规则被逐渐消耗。燃料是从执行代码的矿工处购买的以太币,以太币的价格受到市场的影响处于波动之中,因此燃料单元与含成本的计算单元匹配后,燃料与以太币是脱钩的。

燃料价格和以太币价格都是市场自由调节,以太币的价格是根据市场情况波动,而燃料价格由矿工决定,如果燃料价格低于他们的最低要求,矿工就会拒绝处理交易。燃料由用户账户的以太币购买,以太坊客户端可以根据指定的交易最大支出限额,自动用以太币购买燃料。

和比特币一样,以太坊用户需要向网络支付少量交易费,以太坊协议向合约或交易的每一个计算步骤收费,以防止恶意攻击和滥用以太坊网络,如 DDoS 或无限循环攻击。每一笔交易都要包含一个燃料限额,以及每个燃料愿意支付的费率。矿工可以选择打包交易并收取费用,或者拒绝。如果交易(包括可能触发的原始消息及任意子消息)产生的计算步骤所需消耗的总燃料量小于或等于燃料限额,则交易进入处理;反之,无论执行到什么位置,如果此时所需的总燃料量大于燃料限额,一旦燃料被耗尽(比如降为负值),将会触发一个 out-of-Gas 异常,那么所有的改变就会撤销。交易执行过程完毕,未使用的多余燃料会用以太币的形式返还给发送者,最终只收取所消耗的燃料费用,因此发出具有高于估计值的燃料限额的交易是安全的。

估算燃料费用时,要考虑两个影响因素:

(1)Gassed,是指交易所需消耗的总燃料;

(2)Gasprice,是指特定交易中用以太币计价的每单位燃料的价格。

总成本与这两个因素有如下关系式:

总的成本=Gassed × Gasprice

以太坊虚拟机（EVM）中的每项操作都规定了一个消耗的燃料值，Gassed 就是把所有执行的操作要消耗的燃料汇总。虚拟机收费的部分标准如表 6-3 所示。

表 6-3　虚拟机收费标准

操作名称	燃料费用/伟	备注
步（Step）	1	每个执行循环的默认费用
停止（Stop）	0	不收费
自行终止（Suicide）	0	不收费
哈希（SHA3）	20	
内存加载（sload）	20	从永久内存中取值
内存存储（sstore）	100	存储到永久内存
余额（balance）	20	
创建（create）	100	合约创建
调用（call）	20	启动只读调用
内存（memory）	1	超出内存时按每个额外的字节收费
交易数据（txdata）	5	交易的代码或数据，每个字节收费
交易（transaction）	500	交易基本费用
合约创建（contract creation）	53 000	进入家园（Homestead）版后，从 21 000 提高到 53 000

一个用户构造了一项交易并签名、每个用户都可以指定他们所期望的燃料价格 Gas price，甚至可以指定为 0，但是在 Frontier 版的以太坊客户端中，已经规定了默认的 Gastric 是 0.05e12 伟，即 $0.05 \times 1\,042$ 伟。

交易费由验证网络的节点收取，这些节点就是"矿工"，他们接收、广播、验证和执行交易，然后将这些交易（包含对以太坊区块链上的账户的状态更新）打包到所谓的"区块"之中，矿工之间进行竞争，使自己的区块成为以太坊区块链的下一个区块，成功的矿工会收到挖矿的以太币奖励。

6.2.3　以太坊智能合约

以太坊有两类账户：EOA 账户和 CA 账户。默认状况下以太坊的执行环境是无生命的，每个账户的状态都是相同的。当任何一个用户通过外部持有账户 EOA 发送了一项交易触发了一个动作，以太坊开始运作，如果交易目标是另一个 EOA 账户，交易直接传递一些以太币，不发生其他动作；如果交易目标是一个 CA 账户，合约就被激活，其代码就会自动执行。

这些代码可以读/写自己的内部存储器，从接收消息的存储器中读出数据，向其他合约发送消息触发它们依次执行。一旦执行完毕，并且由合约发出消息触发的所有子过程都执行完毕(按照确定和同步的顺序完成,即在父调用推进前子调用全部执行完毕)后,执行环境再次停止,直到被下一项交易唤醒。

以太坊智能合约通常有以下四个目的。

(1)维护数据存储。这些数据存储是对其他合约或外部世界有用的数据,例如一个模拟某一货币的合约,或者记录某一特定组织成员的合约。

(2)作为一种具备更复杂的访问规则的 EOA(外部持有账户)。这是所谓的"转发合约",如当特定条件符合时,向一些期望的目标简单转发收到的消息。更复杂的转发合约会根据发出消息的特点设定不同的条件,如钱包合约,经过复杂的访问程序后取款金额限制可以改变。

(3)管理执行中的合约或不同用户的关系,如金融合约、有特定中介人的第三方支付、某些保险合约等。也有一种开放合约,即合约的一方让合约保持开放,其他任意一方在某一时间可以履行,如给提交了某个数学问题答案的人支付奖金,或向提供了一些计算资源的人支付赏金等。

(4)给其他合约提供函数,本质上是一种软件库。合约之间的互动是通过"调用"或称"发送消息"的活动进行的,"消息"是一个对象,包含了一定数量的以太币、任意大小数据的字节数组,发送方和接收方的地址。当合约收到一条消息时,它可以选择返回数据,因此在这种方式下,发送消息实质上相当于调用函数。

以太坊上的一个智能合约就是一段可被以太坊虚拟机执行的代码,这些代码以二进制形式存储在区块链上,并由以太坊虚拟机解释,因此被称为以太坊虚拟机位码(bytecode)。

相较于其他可部署智能合约的区块链系统,以太坊的最大特色是在以太坊虚拟机中编写智能合约非常容易。这些智能合约通常可由高级语言编写,并通过虚拟机转化成位码存储在区块链上。

目前,用于以太坊智能合约开发的语言主要有 3 种:Solidity、Serpent 和 LLL。Solidity 作为最流行的智能合约语言,以其简单易用和高可读性受到以太坊设计者们的推荐。很多编辑器和集成开发环境 IDE(如 Visual Studio)已开始支持 Solidity 代码的编写。此外,专门为以太坊设计的 IDE 也在不断开发完善中,如 Ethereum Studio 和 Mix IDE。

以太坊上的智能合约部署和调用的流程如图 6-4 所示。在以太坊上部署和运行智能合约需要以下几个步骤。

(1)启动一个以太坊节点(如 geth)。

(2)使用智能合约语言编写智能合约(如 Solidity)。

(3)使用 solc 编译器将编写好的合约代码转换成以太坊虚拟机位码(如 Browser-Based Compiler)。

(4)将编译好的合约代码部署到网上需要消耗用以太币购买的 Gas,并且需要合约发起用户使用自己的外部所有账户对将要部署的合约进行签名,通过矿工的确认后,将合约代码存于以太坊的区块链上。在这一步中,用户可获得合约的地址,以及调用合约所需的接口,以便之后使用。

(5)使用 web3.js 库所提供的 JavaScript API 接口来调用合约。这一步也会消耗以太币,具体消耗值取决于所调用的合约功能。

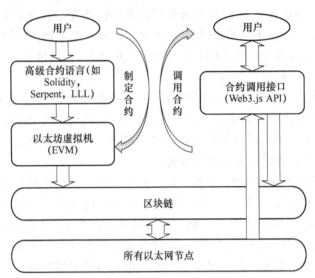

图 6-4　以太坊上的智能合约部署和调用流程

6.3　智能合约实例——DAO

DAO(Decentralized Autonomous Organization,去中心化自治组织)又称为 Decentralized Autonomous Corporation(DAC,去中心化自治机构),是指运行在区块链网络上的、体现组织规则的智能合约。DAO 是通过一系列公开公正的规则,可以在无人干预和管理的情况下自主运行的组织机构。这些规则往往会以开源软件的形式出现,每个人可以通过购买股份或者提供服务的形式获得股份来成为公司的股东。机构的股东将可以分享机构的收益,参与机构成长,并且参与机构的运营。它是在以太坊的基础上发展起来的一种新的商业发展方向,目前还不成熟、完善,但其前景广阔。

DAO 是一种新型的众筹组织形式,成员甚至可以匿名参与并且不分国界。作为一个社会或经济实体,目前各国均无法界定它的法律地位,甚至在某些国家可能会被认定为非法。另外,由于 DAO 所有的组织规则都蕴含在代码当中,所谓"代码即法律"(Code is Law),评判是非曲直完全依据代码所表达的意义,在很多场合,特别是与现实社会中的道德准则发生碰撞时,将难以辨析 DAO 所承担的社会责任。

　　DAO 系统在具体实践中需要遵循以下三大定律,并且能够让所有股东检验这三条定律是否得到了严格的执行。

　　第一定律:诚信机制。靠多个 DAO 节点来对每一个 DAO 节点的行为进行互相审查,来确保所有的规则能够被强制实施。而单个节点的无赖行为则会被集体简单封锁。即使是系统的制造者不遵守规则也是无效的,而有敌意的高压控制也将会是无效的。

　　第二定律:不可侵犯机制。能够确保在没有多数股东同意的情况下,对任何 DAO 规则(源代码)的更改都是不被执行的,没有集体一半以上的投票同意采纳,对极少数节点的侵犯也是不会成功的。

　　第三定律:自我保护。能够让整个系统采取更多的手段,以抵挡对 DAO 生存造成任何威胁因素的能力。前两个定律已经降低了引入坏节点的可能性。一个公开的系统或者是开源软件,能够通过上述手段来避免由于引入不良节点而造成整个系统崩溃的可能性。

思 考 题

(1) 智能合约的工作原理是什么?
(2) 智能合约的作用是什么?
(3) 简要叙述以太坊的工作原理。
(4) The DAO 的本质是什么? 它是如何运行的?

第 7 章 区块链常见问题

虽然区块链技术已经被广泛应用于各种领域,但区块链在快速发展的同时,区块链技术也存在着诸多问题,有待完善。本节从各个角度概述目前区块链技术有待完善的问题。

7.1 效率问题

效率问题不仅限制了区块链的应用范围,而且可能导致严重的安全问题,其中最为突出的就是垃圾交易攻击。

垃圾交易攻击是指攻击者可通过发送大量的垃圾信息来堵塞整个区块链,导致区块链中真正的信息迟迟得不到处理,或导致区块链中的存储节点超负荷运行。

如 2015 年 7 月 6 日,有攻击者对比特币网络发动了垃圾交易攻击,不同于现有的"压力测试",这些交易都是未经通知、没有明确意图的恶意交易。每秒的交易数几乎达到了 150 tps,内存池开始膨胀,攻击的第一天,未确认的比特币交易就达到了 20 000 笔,这导致许多矿工和节点崩溃,从而出现了内存池的分歧。比特币 1 MB 的固定区块大小显然不能存储如此多的垃圾信息,因此导致很多正常交易等待了很长的时间才被确认。

区块链的效率问题主要包含了区块膨胀问题、交易效率问题和时间同步问题。

7.1.1 区块膨胀问题

区块膨胀问题是制约区块链效率的重要问题之一,其产生的主要原因是区块链技术要求区块链网络中的每个节点都保存一份数据备份,同时区块链系统存储的数据也在日益增长,这对于每个节点的存储压力都非常大。除此之外,日益增加的交易数量也对有限的区块存储空间产生巨大的压力。

在区块链 1.0 的标志应用——比特币中,通过挖矿的难度调整算法,使比特币区块链能在每 10 分钟左右创建并添加一个新的区块,区块大小默认为 1 MB,平均每一个最基本的比特币交易的存储大小为 250 字节,因此大致可以计算出比特币系统每个区块最多可存储的交易数量为 $1\times1\,024\times1\,024/250\approx4\,194$ 笔,每秒可以处理的交易数量约为 4 194/(10×60)≈7 笔。而区块链 2.0 的标志应用以太坊则提高到每秒的交易数量为 70~80 笔。

7.1.2 交易效率问题

随着比特币等数字货币的热度逐渐增加,其交易数量也愈加庞大,交易效率问题已成为制约区块链发展的重要因素之一。数字货币等区块链技术的交易效率低下,极大地限制了区块链在大多数需要高频交易领域的应用,影响交易效率的主要问题有加密技术、广播通信、共识机制、验证机制等几个环节。

1. 加密技术

加密技术是区块链技术最为重要的支撑技术之一。在区块链技术中,加密技术需要兼顾安全与效率。目前区块链应用的密码学技术主要是非对称加密和哈希函数两种。

非对称加密算法主要有椭圆曲线算法、RSA 和 DSA 等。目前椭圆曲线算法在区块链领域是应用最为广泛的非对称加密算法,包括 ECDSA、Schnorr 以及 SM2 椭圆曲线公钥密码算法、SM3 密码杂凑算法、SM4 分组密码算法等国密算法。而哈希函数目前主要有 MD5、SHA 家族算法、SCRYPT、RIPEMD、WHIRLPOOL、Dagger、Ethash(以太坊目前 PoW 机制下的算法)等多种算法,还有其中多种算法的串联和并联使用。

对于交易效率而言,Schnorr 签名体积小,与比特币使用的签名算法 ECDSA 签名相比验证速度更快,还原生地支持多重签名。如果区块链在商业领域等不考虑挖矿问题,而更注重性能问题的应用,常用的算法以 SHA-256 算法为主。

2. 广播通信

P2P 网络是区块链的广播通信核心技术之一,因此 P2P 网络的通信速度是影响交易效率的重要因素。在 P2P 网络中,公链必须保持高度的去中心化,如果一条区块链是基于比特币或以太坊的公链,节点软件都有一定性能的要求,但是每个节点机器的性能和网络情况都不同,这在很大程度上限制了交易的效率。而联盟链或是私有链可以指定节点机器的物理配置和节点数量,能很大程度改善区块链的交易性能。

3. 共识机制

PoW 共识机制虽然是应用最广泛的共识机制,但是它对计算资源与时间资源必要的耗费也很大程度限制了区块链的交易效率。为了适应业务与性能的需求,提高交易效率,共识机制不断发展完善,从 PoS 到 DPoS,再到各种拜占庭容错新型共识算法不断涌现。在 DPoS 的共识机制下,区块链上交易的确认效率有较大提升,交易吞吐量也满足现有的金融交易规模,部分私链交易效率甚至已经能达到万笔/秒,但是其安全性仍有待考证。

4. 交易验证

以比特币为例,若需要将数据写入区块链,最少要等待 10 分钟,如果要保证交易数据的不可逆转,通常需要等待连续的 6 个区块完全确认,其中至少需要 1 个小时的时间。除此之外,当前产生的交易有效性还受网络传输影响,如需所有节点都同步数据,则需要更多的时间,因此区块链的交易数据存在延迟性。

分片处理是优化交易验证机制的方式之一,其总体思路是规定每个节点只处理一部分交易,进而降低节点的存储与运算负担。除此之外,还可以使用闪电网络优化交易验证机制,尽可能让交易在区块链外执行,在这种策略下,分布式账本上只是记录粗粒度的账本,而真正细粒度的双边或有限多边交易明细,则不作为交易记录在分布式账本上。

7.1.3 时间同步问题

同步问题是分布式系统一个比较难解决的问题。通常同步操作大多发生在业务不繁忙时段,归属于后台操作。而区块链采用"前置"的同步操作,当一个区块生成,区块链的更新需要所有副本完成内容一致的复制。如果内容存储在区块内,那么更新的数据量为更新的内容乘以副本的数量,再加上副本间的传输距离和带宽,整个操作十分耗时,整体的效率体现在系统中最长的同步时间,这将很大程度限制区块链在需要高频写入数据领域的应用。

目前解决同步问题的办法一是控制更新内容的大小,二是限定副本的数量。比特币系统的实现是采用前者,私有链是采用后者,但相关解决方案仍存在一定的缺陷,同步问题仍是区块链亟待解决的问题之一。

7.2 算力集中问题

PoW 共识机制作为应用最广泛的共识机制,其安全性已经得到检验,但是 PoW 共识机制对算力过度的依赖也导致了算力集中问题,51% 攻击也一直是 PoW 共识机制所面临的安全问题之一。

7.2.1 矿池算力集中问题

区块链中的挖矿只是一种形象的说法,实际上是指在使用 PoW 共识机制的区块链中,通过消耗计算能力去寻找有效随机数以满足特定条件(如使当前区块 Hash 前 16 位为 0)并创造新的区块的过程。随着人们对加密货币的认可程度越来越高,比特币和以太币等加密货币的价格也在快速上涨,挖矿逐渐专业化,甚至形成了挖矿矿池,网络算力也日趋集中。

挖矿的专业化导致区块链节点不对等。理论上,在区块链网络中每个节点都应该有平等的概率获得区块链的记账权,但是为了获得挖矿成功的激励,矿工开始进行硬件竞赛,导致区块链节点之间的不对等。

早期的矿工是由一些计算机技术爱好者组成,他们仅提供计算机平台作为分布式记账的节点。但是随着比特币等区块链经济效益的提高,数字货币的挖矿已经逐渐发展成为一种职业,组成了专门从事挖矿的团队。由于挖矿得到的数字货币数量和机器的运算能力高低成正比,因此从概率上看,采用越快速的硬件,在区块链系统的所有矿工中算力占比越高,就能够获得越多的货币。矿工们为了获得更高收益,彼此之间在算力上进行竞争,算力低的矿工会因挖不到币而逐渐被淘汰出局。从参与的硬件上看,最开始矿工们采用通用的 CPU(Central Processing Unit,中央处理器)来挖矿。后来通过比较发现,GPU(Graphics Processing Unit,图形处理器)能够提高并行计算能力和吞吐量,效率更高,于是 GPU 在一段时间内成为挖矿计算机的主导。再后来有 FPGA(Field-Programmable Gate Array,现场可编程门阵列)芯片,最后发展到专门为挖矿设计的集成电路(Application Specific Integrated Circuit,ASIC)芯片,大大提升了挖矿算力,已经成为挖矿行业主流的硬件设备。与专门挖矿的 ASIC 芯片相比,理论上使用 CPU 挖比特币,挖矿成功的概率约等于 0。显然,区块链记账权的随机性已受到一定程度的破坏,硬件条件较差的节点几乎不可能获得记账权,区块链节点之间已存在较大的算力差距。

同时,随着全网算力的不断增加,个体矿工缺乏规模优势,挖到数字货币的时间具有不确定性,有时甚至需要数年才能挖到一个有效区块,经济效益极不稳定。为了让收益更为稳定,一定数量规模的矿工会组成矿池(Mining Pool),由矿池管理者统一分派挖矿的计算任务,挖到的币都归矿池管理者所有,而矿池管理者再根据各个矿工贡献的算力比例,定期分配挖矿的收入。矿池已经成为加密货币区块链网络算力的主要来源,零散的个体矿工基本上已退出了挖矿的行列。

矿池能够给矿工带来相对稳定的收入,但是也带来了新的问题。矿池把原来分散的算力集中起来统一管理,这违背了区块链的去中心化原则,在矿池规模不断增加的过程中,有的矿池在全网的算力达到了相当大的比例,甚至排前几位的矿池的算力总和可以超过全网算力的 51%。从理论上说,如果能够控制整个网络达到或超过 51% 以上的算力,就可以控制区块链的记账权。这样比特币等加密货币依赖的分布式记账方式将被破坏,同一个货币可以多次使用(即重复花费,也叫双花,double spend),信用体系将不复存在,加密货币体系也将被彻底摧毁。

虽然实际上矿池管理者并不能控制矿池的算力,只有算力的实际拥有者才可以控制其自身的算力。对绝大多数矿工而言,数字货币若受到攻击,其价格必定会大幅度下滑,这将会大大损害矿工的切身利益,一旦矿工发现矿池管理者使用矿池的算力进行攻击,矿工就会将算力撤出矿池。但不可否认,矿池算力的集中化还是对数字货币等区块链技术造成一定的安全威胁。

7.2.2 51%攻击问题

51%攻击是指攻击者掌握了区块链系统51%的算力之后(一般为基于区块链的数字货币),通过重新计算已经确认过的区块,通过区块链产生分叉从而获得利益的行为。

51%攻击的主要利用原理是区块链的"分叉"机制,区块链的"分叉"机制是指当不同地区的两个矿工同时"挖出"两个新区块的情况下,主链上就会出现"分叉",此时区块链系统会约定后续矿工总是选择累计工作量证明最大的区块链(如图7-1所示)。因此,当主链分叉以后,后续区块的矿工将通过计算和比较,将其区块链接到当前累计工作量证明最大化的备选链上,形成更长的新主链,并自动抛弃分叉处的短链,从而解决分叉问题。

攻击者在发起51%攻击前需具备两个前提条件:一是掌握区块链全网51%以上的算力;二是持有大量相应数字货币。

具体51%攻击的手段如下。

(1)攻击者需要在短时间内将手中持有的数字货币全部转出,如数字货币提现;

(2)利用分叉机制,在仍未转出数字货币的区块开始重新生成区块,如转出数字货币的区块为第100个区块,则攻击者就在第99个区块开始重新生成区块;

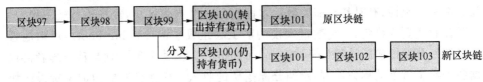

图 7-1 利用分叉进行 51% 攻击

(3)由于攻击者掌握区块链全网51%以上的算力,因此其重新生成的区块链一定能成为最长的主链;

(4)当重新生成的区块链长度超过原区块链2个区块,所有的客户端都将抛弃原区块链,选择攻击者新生成的区块链,此时攻击者手中不仅仍持有原有的数字货币,还获得了转出数字货币得到的利益。

实际上51%攻击是存在悖论的。首先,掌握像比特币这种大型分布式网络50%以上的算力几乎是不可能的;其次,发动51%攻击需要消耗大量的算力资源与时间,在交易所大量抛售数字货币也会引起市场的反应,需要很高的成本且存在一定风险。而在攻击成功后,数字货币的价值也会因为攻击事件跌至较低的水平,攻击者手中持有的大量数字货币也会贬值。因此,通过算力优势继续诚实挖矿获得收益甚至比攻击产生的收益更高,假设攻击者是有理性的,且攻击目标仅为利益,一般不会采取51%攻击。

但是,对于基于区块链的小型数字货币而言,由于矿池算力集中化,51%攻击已经出现了实际的案例。2016 年 8 月,基于以太坊的数字货币 Krypton 就遭受了来自一个名为"51%Crew"的组织通过租用算力进行 51%攻击,导致该区块链损失约 21 465 KR 的代币。

另外,比特币系统中出现过连续挖到区块的情况。在 2014 年,大矿池 Ghash.io 的算力已经接近全网的 50%,挖到 6 个连续的区块,具备了逆转之前交易的可能,引发了社区对比特币安全性的担忧。算出 6 个连续区块的概率约为 1.5%,已经具备一定的成功可能,为此,Ghash.io 也不得不承诺把规模控制在 39.99%以下。

7.3 DAO 攻击引发的问题

DAO 全称是 Decentralized Autonomous Organization,即"去中心化的自治组织",可理解为完全由计算机代码控制运作的类似公司的实体。The DAO 本质上是一个风险投资基金,它通过以太坊筹集的资金会锁定在智能合约中。每个参与众筹的人按照出资数额,获得相应的 DAO 代币,具有审查项目和投票表决的权利,类似于股票,众筹参与者是股东。代币还有另一个作用,就是持有人有权提出投资项目的议案,供 The DAO 审核。投资议案由全体代币持有人投票表决,每个代币一票。如果议案得到需要的票数支持,相应的款项会划给该投资项目。投资项目的收益会按照一定规则回馈众筹参与人。

但是,在 2016 年 6 月 17 日,发生了几乎是区块链历史上最严重的攻击事件。由于其智能合约存在着重大缺陷,当时作为区块链业界最大的众筹项目 The DAO 遭到了攻击,导致约 350 万的以太币资产被攻击者转移。

攻击者主要是利用了 splitDAO 功能中 withdrawRewardFor 函数的代码逻辑漏洞:if ((balanceOf(_account) * rewardAccount.accumulatedInput()) / totalSupply < paidOut[_account])

如果收益账号的余额"balanceOf(_account)"的条件变量"_account"为 0 的时候,会出现"if(0<paidOut[_account])"的判断,导致如果没有被支付,这将会一直被评估为错误且永远执行。不断递归调用 withdrawRewardFor 函数,使得攻击者的 DAO 资产在被清零之前,多次从 TheDAO 的资产池中重复分离出原本应被清零的 DAO 资产。

虽然在 splitDAO 代码的运行结束后会对销毁这部分分离出的资产:

  totalSupply-= balances[msg.sender];
  balances[msg.sender]=0;
  paidOut[msg.sender]=0;
  return true;

但由于 DAO 代币有转账的功能，攻击者只需要调用在堆栈顶端的 transfer 功能，将代币转账到一个代理账户即可避免其分离的资产被销毁。接着，攻击者再将代理账户的资金返回到原始账户并且重新开始整个过程。形象地说，这是个可重入漏洞，其函数调用是在实际减少发件人的余额之前完成的，就好像银行出纳员在他（她）把你所要求的钱全部给你之前，不会更改你的余额，而攻击者就在结账之前再提出取钱的要求，并不断重复这一过程。修复方案就是先减少发送人的余额再进行价值转移；或是使用互斥锁，从而一起缓解各种竞争条件。

为了挽回投资者的资产，在确定攻击事件发生后，以太坊社区采取了如下的危机管理措施。

首先，号召社区利用垃圾交易等阻断后续的资金转移，从而争取必要的应对时间。然后，组织核心开发团队开发补救版本，拟通过"软分叉"方式部署上线，以此来达到废除发生在 The DAO 及其子合同之间的以太币转移交易的目的；与此同时，社区会积极研究后续根除类似攻击的技术手段，一旦找到，不排除通过"硬分叉"方式实现全网的版本升级。但是在软分叉实施过程中发现了严重的 DDoS 攻击缺陷，矿工很快决定放弃使用这个方案。最后，以太坊基金会宣布实施硬分叉，更改以太坊代码，将黑客盗取资金的交易记录回滚。

但是，有一部分人认为以太坊这种做法违背了去中心化和不可篡改原则，坚持在原链上进行挖矿，从而形成两条链：一条为不承认滚回交易的链——以太经典（ETC），另一条为承认滚回交易的链——以太坊（ETC），各自代表不同的社区共识以及价值观。分叉时持有以太币的人在分叉后会同时拥有 ETH 和 ETC。

7.3.1 软分叉和硬分叉

由于区块链网络中各个节点的更新时间并不是同步的，区块链的升级，尤其是更改了共识规则的软硬分叉升级，需要考虑不同版本软件之间的兼容性，以及新旧共识规则更换后带来的问题。下面将对软分叉和硬分叉进行简单的介绍。

软分叉的官方定义为："当新共识规则发布后，由于未及时了解新共识规则，部分没有升级的节点仍按旧共识规则生成区块，而产生的临时性分叉。"

在软分叉中，因为共识规则发生了变化，升级后的节点和未升级的节点将会生成不同的区块，但此时未升级的节点仍是被系统认可的。而未升级的节点所生成的区块，由于节点数量少，与升级节点的数量相比，算力小，形成短链最终会被系统抛弃。因此，尽管在软分叉的过渡期间有可能存在临时性的分叉，当多数节点都升级成新版本后，软分叉一般不会产生永久性分叉的链。

硬分叉的官方定义为："在新共识规则发布后，部分没有升级的节点无法验证已经升级的节点生产的区块，而产生的永久性分叉。"

在硬分叉中，升级后的节点和未升级的节点也将会生成不同的区块，但此时未升级的节点与升级后的节点是无法相互验证的,升级后的系统规则认为旧节点生成的区块不合法,旧节点根据老版本共识规则也不认可升级后生成的区块,因此双方都使用各自的共识规则组织自己的区块链,所以无论新旧节点数量对比是多少,一定会产生新旧两条区块链。当大多数节点都升级到新版本的系统,旧区块链能否继续运行需要依靠算力的高低来决定。

以太坊为解决 The DAO 的问题,首先实施了软分叉方案。这个解决方案要求节点检查每个以太坊上的交易是否与 The DAO 智能合约及其子 DAO 的地址相关,如果相关则拒绝这个交易,从而锁定 The DAO(包括黑客在内)的所有资金。这个应对方案在逻辑上是可行的,但却阻碍了燃料费(Gas)的收取。燃料费(Gas)对于以太坊区块链的正常运行有重要的作用,即支付矿工的交易费以及增加潜在攻击者的成本。取消交易燃料费后,不仅严重影响了矿工的收入,还导致以太坊区块链更容易遭受 DoS 攻击,攻击者可通过较低成本发起大量无效交易,从而导致整个网络彻底瘫痪。因为这个漏洞,各个节点被迫回滚了软件版本,软分叉方案宣告失败。

以太坊社区随后又设计和实施了硬分叉方案,在该方案中,软件会在第 1 880 000 区块把 The DAO 合约及其所有子 DAO 合约归入一个列表 L 中。在第 1 920 000 区块中,设计一个非常规的状态变更,强行把列表 L 中所有地址的余额都转到一个特定的退款合约地址 C,这个合约唯一的功能就是把众筹人的 DAO 币换回以太币。经过充分准备,硬分叉终于成功切换,以太坊上大部分算力都切换到了支持硬分叉的新版本。

图 7-2 所示为硬分叉前后时刻第 1 920 000 区块的情况,左侧数字为区块编号,右侧十六进制数代表区块的哈希值。直线代表分叉后新链,大多数矿工都升级了软件并在这条链上记账(挖矿);曲线分支代表原(旧)链,少数没有升级的矿工,依然停留在旧链上记账。分叉后,新链出块的速度大于旧链,说明大部分算力都已切换到新链上了。

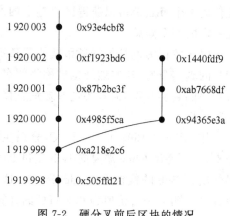

图 7-2 硬分叉前后区块的情况

7.3.2 DAO 攻击事件的意义

The DAO 项目最终以失败告终,但仍是人类史上具有开拓意义的重要尝试,它试图建立完全由计算机程序控制的去中心化自治实体,实现公正、透明和开放的运作模式。但是,DAO 超前的理念落地还需要面对很多实际问题。

首先，当自治的智能合约出现问题时，应该采用怎样的方式解决呢？一种方案是用另一个智能合约来解决产生的纠纷，但这样又陷入一个死循环中，因为新的智能合约可能也存在问题。另外一种方案是采用众人表决的形式，这要求 DAO 预留解决纷争投票的接口，在需要的时候可以启用。当然，此方案被认为自治性受到干预。

其次，区块链技术被主流社会体系认可的过程也许比较漫长，当 DAO 尚不能完全自治，特别是涉及金融、资产等关键业务时，和现有法律道德体系之间还需要良好的衔接方式。如法律法规要能够适用于区块链上 DAO 等新生事物的行为，DAO 也要定义符合法律的规则，特别是在代码无法自我纠正的时候，人工进行干预的方式。

通过 The DAO 的事件可以看到，基于区块链的去中心化自治组织依照事先编制的计算机程序来管理运作。同时，对于代码可能出现的错误，目前尚缺乏较为有效的恢复手段，在一定程度上还需要人类的参与才能纠正。因此，在今后发展过程中，机器自治和人类辅助监管将很可能成为 DAO 系统的主要模式。

7.4 隐私安全问题

为了实现去中心的目标，区块链对于其网络中的任一节点都是透明的，也就是说任何一个节点都可以获得区块链上的所有信息。因此，区块链在隐私保护上存在一定的安全隐患。

以比特币为例的加密货币是使用随机数和非对称加密算法生成的地址来替代用户的真实身份，这些地址也被称为假名地址。假名地址似乎能在一定程度上隐藏用户的真实身份，但只要这些地址直接或间接地与真实世界发生联系，就会失去其匿名性。

如 Alice 共拥有 0.2 个 BTC，分别在地址 address 1 和 address 2 中各存有 0.1 个 BTC。然后 Alice 需要向 Bob 支付 0.2 个 BTC，因此 Alice 创造了一笔交易，交易输出为 Bob 的钱包地址 address 3。这笔交易被记入区块链之后，Bob 需要在某电商平台购买一台价值为 0.2BTC 的计算机，因此他创造了一笔由 address 3 到商家地址的交易，并被记入区块链。此时，Bob 这笔支付给商家的交易就很可能会在电商平台留下的包含有真实个人信息（姓名、地址、电话等）的订单信息。如果可以获得 Bob 在电商平台留下的订单信息和区块链中的交易信息，就可以分析出 address 3 的拥有者是 Bob。此外，通过在区块链上追溯 address 3 的交易链，就可以判断出 address 1 和 address 2 的拥有者与 Bob 存在某种关系。

可以发现，比特币在交易隐私保护上的不可链接性和不可追踪性是存在缺陷的：①不可链接性（Unlinkability）：无法证明两个交易是发送给同一个人的，也就是无法知道交易的接收者是谁。②不可追踪性(Untraceability):无法知道交易的发送者是谁。

显然,比特币在隐私保护上主要采取的措施是非实名(pseudonymous)而不是匿名性(anonymous)。而门罗币在隐私保护方面有其独特的方法,门罗币使用的是一种称为环签名的数字签名技术。环签名是群签名的变形,它具有不可链接(Unlinkability)和不可追踪(Untraceability)两大特性。在门罗币的环签名机制中,用户持有两对主公私钥对,可用于生成一系列的一次性密钥对。门罗币在交易的过程中是使用一次性密钥而不是主密钥,而且一次性密钥无法逆向关联到主公私钥对。

思 考 题

(1)为什么会出现区块膨胀问题?你有什么相应的解决方案吗?

(2)比特币的交易效率一直让人诟病,如何提高数字货币的交易效率同时兼顾安全性呢?

(3)为什么会出现时间同步问题,如何解决时间同步问题呢?

(4)矿池算力集中是区块链发展难以避免的问题,怎样有效降低矿池算力集中带来的影响呢?

(5)什么是51%攻击?你认为51%攻击可能发生吗?

(6)什么是软分叉与硬分叉,它们会带来怎样的影响?

第8章 区块链应用案例

目前,区块链的应用已从数字货币应用延伸至经济社会的各个领域。本章主要从公共服务领域介绍区块链的应用,并以医疗协同、版权保护、公益活动和教育就业等行业作为代表,详细介绍区块链的应用场景。

8.1 公共服务

8.1.1 医疗协同

医疗协同是当前区块链热点研究的领域之一。然而医疗协同需要解决的难题主要在于患者敏感信息的隐私保护与多方机构对数据的安全共享,如患者在不同的医院就诊时会被发放不同医院的病历,而各个病历之间是不相通的,如果患者不主动提起或遗忘自己在其他医院的过往病历,医院是无法获知患者的病史,这会在一定程度上阻碍诊疗的进行,而如果简单的数据共享则会引起隐私保护问题。

区块链作为一种多方维护、全量备份、信息安全的分布式记账技术,能为医疗数据协同带来的一种创新思路。

患者在不同医疗机构之间的历史就医记录都可以上传到医疗协同共享平台上,在医疗协同区块链平台上可以实现多方对数据进行共享,不同的数据提供者可以授权平台上的用户在其允许的渠道上对数据进行公开访问,如第三方医疗机构就可以通过医院共享的患者数据对特定类型的疾病进行建模分析,从而达到更好的辅助决策和治疗的目的,或者利用大量的患者数据来研制新药。现有区块链上的访问控制机制可以采用智能合约或者一些非对称加密算法来实现。利用智能合约的流程自动化,既降低了成本,又解决了信任问题。各个医疗机构之间存在访问壁垒、信息不流通的问题都可以通过区块链平台来解决。而区块链无中心服务器的特性也使得医疗系统不会出现单点失效的情况,能很好地维护系统的稳定性。

除此之外,从隐私保护的角度来看,患者或医院传输的医疗数据经过加密处理,安全地存储在区块中,不会出现被其他节点恶意篡改的情况;同时,所有的用户真实信息都是匿名的,攻击者难以追溯医疗数据的源头。目前已有部分企业对医疗协同区块链进行一定的实践。

药品溯源也是区块链在医疗领域的主要落地方向。在医药的溯源、追溯查询和医药溯源数据交易方面，解决了供应链上下游之间的信息不透明、不对称以及企业间信息共享的难题。一方面，联盟链上存储的数据在获得各节点授权后，可针对医药供应链全链条数据进行统计分析，辅助计划策略的制定，简化采购流程，降低库存水平，优化物流运输网络规划，提供商品销售预测；另一方面，医药溯源数据交易市场构建了大数据交易平台，提供溯源数据交易流程和定价策略，促进各企业主体依据自己的安全和隐私要求对联盟内外的数据需求进行响应并完成交易。

8.1.2 版权保护

版权是指作者对计算机程序、文学著作、音乐影视作品等的复制权利的合法所有权。版权是知识产权的重要组成部分之一，包含自然科学、社会科学以及文学、音乐、戏剧、绘画、雕塑、摄影、图片和电影摄影等多个领域的作品。

然而，版权侵害事件层出不穷，版权保护成为当前社会的热点问题。对于原创者而言，目前版权保护有以下三大问题。

保护难。传统版权登记方式不仅耗时长，而且费用高，同时大多数作者版权维护意识低，为了方便很少进行版权登记，导致侵权事件频发。

举证难。被法律认可的证据往往是维护版权的关键，但是作者一般很难寻找完善的证据证明自身的版权。

维权难。公共平台投诉手续复杂，法律诉讼成本高昂，导致大多数普通作者选择保持沉默，任由权利被侵犯。

因此，在版权保护领域，需要更安全、更快捷、更低廉和更简易的版权保护方式。显然，基于时间戳的区块链分布式记账方式十分契合于版权的确认问题，其记录的信息一旦生成将永久记录，无法篡改，版权信息的记录结果是安全可信的。结合区块链的特点和版权保护的各个环节，下面将介绍如何具体应用区块链进行版权保护。

(1) 版权注册。传统"可信时间戳"由权威机构签发，以证明数据电文在一个时间点是已经存在的、完整的、可验证的，是一种具备法律效力的电子凭证，但是这种机制下的专利申请流程耗时长、效率低下。对于原创作品的登记，区块链技术可以便捷地把时间戳与作者信息、原创内容等元数据一起打包存储到区块链上，无须与第三方机构进行多余的交互，使全网对知识产权所属权迅速达成共识成为可能，理论上可实现及时确权。区块链的分布式账本和时间戳技术不对称加密技术打破了传统的单点进入数据中心去进行注册登记的模式，同时价格低廉且具备良好的法律效力，保证了版权的唯一性，时间戳技术保证了版权归属方，版权所有者可以方便快捷地完成版权注册这一流程，解决了传统版权注册机制低效的问题。

(2) 版权举证。将版权登记的"申请人＋发布时间＋发布内容"合并加密上传，同时使版权信息拥有唯一区块链ID,可以解决"谁在什么时间创作了什么内容"的版权举证问题。除此之外,所有涉及版权的使用和交易环节,区块链都可以记录使用和交易痕迹,并且可以验证并追溯使用和交易的全过程,直至源头的版权痕迹。而区块链的技术特性也保证了版权数据信息是不可逆并且不可篡改的。公开、透明、可追溯和无法篡改,保证了版权信息的真实可信,应用区块链技术后的版权举证较之传统方式更简单、快捷、有效。

(3)版权验证。区块链技术大量使用密码学技术,版权持有者在把作品写入区块链时,需要使用自己的私钥对作品进行了数字签名,第三方可以用版权持有者的公钥对数字签名进行验证,如果作品的数字签名值验证通过,则表明此作品确实是版权持有者所有,因为只有版权持有者才有私钥能生成该签名值,可以减少大量的版权纠纷,解决版权验证问题。

(4)版权交易。版权交易指作品版权中全部或部分经济权利,通过版权许可或版权转让的方式,以获取相应经济收入的交易行为。但是版权交易环节面临需求难以匹配、中间成本高的问题。以影视音乐行业为例,"中间渠道"——发行商在整个行业中占有很大话语权。通过提供区块链公共平台来存储交易记录,版权方能够对版权内容进行加密,通过智能合约执行版权的交易流程,这个过程在条件触发时自动完成,无须中间商的介入,可以解决版权内容访问、分发和获利环节的问题,将版权交易环节透明化的同时也能帮助创造者获取最大收入。

虽然大多数区块链项目提倡匿名保护,但是值得注意的是版权保护是现实需求,需要尊重法律、尊重用户,保证信息的真实性,实名登记是必要的要求。

8.2 电子证照

随着互联网的迅速发展,电子证照的应用在各行各业中都变得愈加普遍。电子证照是计算机系统用于代表一个外部代理的实体信息,该实体可以是个人、企业或者政府等。

电子证照通常包含有一个人或是实体在线活动所产生的全部信息(尤其是公开信息),电子证照能为互联网提供更良好的信任环境,是全球金融交易数字化的重要基础。然而,电子证照在实际生活中却存在以下应用问题。

(1)电子证照是否可信。由于缺乏良好的信任环境,一般难以精确地从电子证照确认在网络上发出请求的个人身份。由于存在账户被盗用或多人操作同一个账户的情况,无法仅通过账号密码登录来确认这个行为背后的主体。

(2)信息难以全面归集。对于企业或是政府实体,如何进行全面的信息归集是亟待解决的问题。

(3)隐私泄露安全隐患。传统电子证照共享平台的中心化系统更有数据泄露的风险,用户更为依赖于中心机构的公信力,电子证照信息还是存在数据被滥用、盗用的可能性。

基于区块链技术的分布式、防篡改、可溯源和不对称加密等特点,可以构建更切合实际应用的电子证照共享平台。首先,在电子证照的验证环节,区块链技术能够大幅提升电子证照的可信度。各个实体的电子证照信息分布存储在不同节点上,数据源记录不可被篡改,保证了现有信息状态是实体身份的有效代表。另外,数字身份对应的实体持有私钥,授权过程中可以通过验证密钥来确定数字身份的真实性。其次,针对数据归集的问题,电子证照共享平台可以构建归属各个部门或节点的目录体系,以共建共享的原则实现实体数据的全面收集。

区块链也可以很好地解决电子证照中的数据主权与隐私问题。在验证环节,利用不对称加密技术,验证请求方无须原始数据,仅通过比对电子证照的哈希值即可完成身份验证,消除了个人隐私泄露的风险。此外,区块链可以消除由单方使用虚假信息的可能性,如地址信息、电话号码等。这有助于防止身份盗用,消除了实体电子证照在不同场景使用时信息不一致的风险。

8.3 学术认证

近年来,论文造假、伪造学历、简历作假等学术诚信问题频频发生。区块链技术的信息可追溯、数据不可篡改等特征,可满足学术认证、升学就业、学生征信管理等方面的需求,从而提高教育机构的运行效率以及学术研究的透明度,对整个教育行业的健康发展具有促进作用。

利用区块链技术记录跨地域、跨院校的学生信息,可以方便院校追踪学生在校园时期所有正面以及负面的行为记录,能帮助有良好记录的学生获得更多的激励措施,并构建一个良性的信用生态。如建立基于区块链的学生信用平台,创建含有学生基本信息的数字证书,并使用用户的私钥对证书的内容进行签名,可以通过公钥验证证书内容是否被篡改。教育机构也可以利用自己的私钥签署一份具有完整信息记录的数字证书,将其哈希值存储在区块链中,在每一次发放和查询时,都会由智能合约触发相应的多重签名校验,确保不会被恶意查询,交易输出将数字证书分配给需求方,如学生、第三方院校或者用人单位。

除此之外,与区块链在版权保护中的应用类似,区块链技术也可以为学术成果提供不可篡改的数字化证明,为每一个文字、图片、音频、视频加盖唯一的时间戳身份证明,进而为学术纠纷提供了权威的举证凭据,降低纠纷事件消耗的人力与时间,保护知识产权。

思 考 题

(1)除了本书提及的区块链应用场景外,你还能想出哪些区块链技术的应用场景?

(2)版权保护面对的问题是什么?区块链是如何解决这些问题的?

(3)区块链技术是怎样应用于社会公益的?

(4)区块链技术应用于教育行业的优势是什么?

第9章 数字商业与区块链

信用是商业活动的根基,在传统模式下,由于信息的不对称,包括证券发行、资金托管、保险和信用借贷等诸多领域的商业活动都是由第三方信用机构来进行监管,这也是长期以来信任问题难以解决的关键之处。同时,在信息化的时代背景下,商业活动也提出了自动化与智能化的需求。而区块链技术的出现,不仅可以有效解决商业活动中的信任问题,同时也给商业资产和商业管理实现数字化提供一种新的模式。

9.1 区块链变革——数字商业

9.1.1 资产数字化

资产数字化是指现实世界中各种资产进行数字化登记,使得资产可以在数字经济时代快速的流转或确权。随着信息技术的快速发展与数据保护的监管加强,资产数字化的应用范围进一步扩展到虚拟世界中的数据资产,使其更具有流动性、安全性与商业价值,进而引领创新数字商业的新模式与新秩序。

资产数字化的意义在于可以让资产拥有快速交换流通的自由度,特别是在电子化网络系统中。如经济社会的形态演进,为方便物品之间的交换,人们采用金银作为交易中间介质,随后采用更轻便的纸币,然后是近代社会中银行账户。这也是资产数字化的雏形,以数字形式存在的银行账户极大地方便了商业往来中的财务结算。另外,为了方便物品的权属交割,人们开始采用契约作为商品交割依据并通过产权登记与转让来实现交易可特定化的财产权利或者财产,甚至是可产生流动性收益或风险性收益的财产权利。在今天互联网时代,各类商业活动普遍在信息化网络上进行,数字化转移成为资产流通的主要方式。如电子转账已经成为市场经济中最重要的支付形式,电子证照正在成为产权证明中最权威的认证方式,这些商业措施为经济行为的开展提供便利,带来了近代以来日益繁荣、呈指数型增长的经济规模。

资产数字化的核心是数据的权威性和安全性。在资产数字化过程中,通常是政府、银行等中心化权威机构进行管理,从简单的建档立案到信息系统电子凭证化，有着明显的业务边界和应用范围，核心是数据的存储安全与交易安全，同时在资产确权与流通环节，有着相当严格的安全管理机制。但是随着商业活动全球化发展，传统中心化系统的边界成了资产交换流通的约束条件，跨中心或多中心的商业行为需要耗费大量的成本和时间去进行安全认证，从而面临着安全与便捷的双刃剑挑战。

区块链技术的出现为资产数字化带来革命性的变化。首先，区块链的安全机制保证了数据不可篡改，实现了资产的唯一性登记与可追溯管理。其次，区块链的去中心化机制消除了传统中心化系统业务边界的限制，实现了资产的自由流通与价值传递。

9.1.2 资产流动数字化

资产流动数字化就是借助区块链技术，实现了分布式流动资产的实时监控与管理。与传统资产流动管理模式相比，资产流动数字化不需要第三方平台的介入，形成了一种更具有条理性、安全性、智能性的管理形式。

区块链在资产流动数字化中的主要应用点有三个，分别是登记、确权和智能管理。

（1）登记。区块链具有可信、可追溯、不可篡改的特点，因此可作为可靠的流动资产数据库来登记各种类型的流动资产信息。

（2）确权。如可通过区块链确认银行存款的转移记录，或是短期投资的真实性验证等。

（3）智能管理。即利用"智能合约"自动检测具备合约生效的环境，让流动资产能根据预设的条件自动运行。

资产流动数字化是商业领域的革命性创新。基于区块链技术的流动资产管理，与传统模式相比，在降低管理成本方面有很大优势，减少了中心化模式下财务资产数据被反复记录和存储而产生的重复性浪费成本。同时，由于区块链技术的透明性、可追溯性，这样流动资产的任何转移都可以实现追踪和查询，还可以通过合适的密码学技术对其中可能涉及商业机密的内容进行加密存储，起到了隐私保护的作用。通过资产流动数字化，所有流动资产参与方的任何行为数据的记录和积累都将存储于区块链上，形成流动资产分析和评估体制，这样可以最大限度地降低企业流动资产被违规使用的可能性，从而让企业的流动资产得到合理高效的利用。资产流动数字化也可以对资产的转移过程进行更有效的控制，如果发生纠纷，可以迅速找到对应的流转记录作为凭证。除此之外，智能合约也使得资产流动的整个生命周期具备了一定的可编程性，即具备了限制性和可控性。

9.1.3 管理流程数字化

数字化的管理流程是实现商业活动智能化、自动化的必然要求。实际上,管理流程数字化就是利用区块链中智能合约的可编程特性,对商业活动的流程以数字形式进行定义,在去中心化的系统中自动执行预设的协议,实现智能化的流程管理。实现管理流程数字化的前提是资产数字化,这是因为商业活动中的智能合约是涉及商业资产与资产转移的代码,必须将商业资产数字化,同时将资产流动进行数字化,才能实现管理流程的数字化。

在传统的商业管理流程中,资产的记录、资产的转移、合约的制定都是互相分离的,其需要的人员成本高、管理效率低。但是通过区块链中的智能合约技术,合约不仅能被植入到整个管理流程中,还能设置可执行的参数触发器,当检测到预设的条件时,系统将按照合约代码的要求跳转到相应流程,执行相应的命令,同时驱动新的合约产生和执行。

通过管理流程数字化,商业管理与交易不仅由代码进行定义,而且是由代码强制执行,管理流程完全自动且无法干预,商业活动参与者的信任建立在区块链技术上,无须第三方信用机构,也无须依赖彼此的信任度。同时,商业机构可以通过代码形式建立管理规则来代替合同,一旦智能合约确定,资产将按照合约条款进行分配,在合约订立期间及生效后,任何参与者都不能控制或挪用资产,确保了管理流程的安全性,也一定程度地提升了管理效率与自动化水平。除此之外,通过预设自动执行的智能合约约束管理过程,让资产可溯、信息更加透明、交易更加安全、管理成本更加低廉,削弱了商业管理的套利空间。

9.2 区块链新型经济体系

区块链作为一种技术创新,正在不断拓展着其应用领域,尤其是与金融业的结合,其构建的区块链新型经济体系具有广阔的发展前景。

9.2.1 新型经济体系的要求

随着信息技术的高速发展,传统经济体系不断进行着信息化、网络化、数字化的发展,各种新型技术已经将经济学与信息学高度融合在一起,驱动经济发展的技术已经不仅限于移动互联网、大数据、云技术等应用层面,同时也对经济体系提出了更高的要求(如图9-1所示)。

首先,用户的需求在不断发生变化,新型的经济体系要能够不断满足用户的需求。在金融领域,用户的需求包括交易需求、支付需求、投资融资需求等,需求类型繁多,同时用户的风险偏好和资产情况也是不断变化的,用户数量也处于动态变化

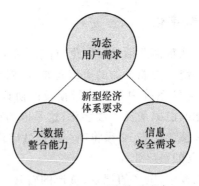

图 9-1 新型经济体系要求

的状态,因此新型的经济体系也必须是动态的,才能与用户的动态需求相匹配。

其次,新型的经济体系需具备有效整合大量数据的能力。当前大数据、云计算、人工智能已经成为各行各业发展的重要技术支撑,新型的经济体系对数据的可追溯性、处理能力、整合能力有更高的要求。当前各企业都存储有大量数据信息,可是行业内部、行业之间并没有在数据统计方面的规范标准,并且在数据相关性的整合上也有待完善,这样导致企业内部大量数据未能得到充分的价值体现。因此,新型的经济体系需要充当数据的整合者,可以将所有零碎的数据信息加以收集、分析和处理,整合成一个有机的数据库。

最后,是信息安全的需求。随着信息化技术的快速发展,无论是个人还是企业,对信息安全的需求都日渐提升。随着经济体系规模的不断扩大,新的经济体系必须提供完善的信息安全功能。新型经济体系在能支持用户信息资源共享、海量数据处理的同时,确保敏感数据和用户隐私的安全存储和有效隔离。

为满足新型经济体系的要求,结合日趋完善的区块链技术,人们提出将区块链技术作为经济体系的底层技术基础,构建基于区块链的新型经济体系。

由于区块链采用分"区块"记录的方法,能将一段时间内的数据信息存储到当前区块,同时每个"区块"按照时间顺序进行排序,是一个动态的、实时的数据记录存储过程。区块链实时存储的各种交易信息、支付信息和投资信息往往能够准确地反映不同时段用户的动态需求,有助于经济结构的及时调整以及经济策略的合理制定。

同时,区块链技术也能完美契合新型经济体系数据整合的需求。首先,区块链的本质就是分布式的数据库,其本身就是一种对数据的整合过程。其次,区块链网络节点的平等地位对企业间数据的平等共享也起到一定程度的促进作用;而建立在区块链上的智能合约技术也可根据企业的不同需求,自动高效地进行数据处理。

在区块链技术中,一个区块通过共识算法验证后链接主链后,就会被永久性地存储起来,依照当前的计算力几乎不可能对区块链的数据进行篡改。用户存储的数据、用户的个人信息也会被相应的密码算法进行加密,用户信息能实现资源共享的同时,个人的隐私也得到了一定的保障。

9.2.2 区块链新型经济体系

当区块链技术成为经济体系的底层技术架构后,必然会在各个方面重塑经济体系,加快金融技术创新与产品迭代速度,极大地提高经济运作效率,构建新的信用机制。

1. 区块链与支付

支付是经济贸易中不可或缺的一个环节,在信息技术和金融业务不断融合的大趋势下,网络支付体系正向着基于区块链的泛中心化网络支付发展。

区块链支付是在数字货币的基础上发展起来的,即利用区块链技术实现的移动支付方式。虽然区块链支付目前存在诸多经济及法律问题,但由于其没有第三方介入等明确的优点,它正逐渐受到人们的重视,被视为经济领域的一大变革。

在传统支付模式下,资金的转移支付都是通过银行进行清算完成的。在银行间的资金转移过程中,如果发送银行和接收银行之间互相没有开立银行账户,则不得不需要第三方机构作为资金的中转和清算,因此支付的流程可能要花费几分钟到几个小时,同时第三方机构还需要收取一定的费用。而对于跨境支付业务而言,其过程更为复杂,整个交易流程需要经过开户行、中央银行、境外分支机构、境外银行,每个机构都需要建立代理关系,需要授权额度,每笔交易都需要进行资金对账,中间环节多且复杂,手续费极高,支付周期漫长,最长可达5个工作日。

然而,区块链支付无须中转机构,中间没有任何第三方介入且所有交易信息全网共享,实现了点到点的效率高且成本低的支付方式,尤其是大大提升了跨境支付的效率。在区块链支付模式中,使用区块链技术将所有参与支付结算的银行加入区块链网络中,为所有参与银行生成总账结论。每个银行都是一个私有区块链网络的参与者,并且能够完成支付交易。由于区块链网络中一致性算法已经取得了单一总账的权威状态,因此就不再需要不同数据库之间的对账了,并且点对点的交易方式也减少了交易方的风险,将结算时间降低到毫秒级。而监管者和审计方也可以访问更为全面完善的总账本,提高了账本审计的准确性与便利性。

目前最为成熟的区块链支付网络是 Ripple 建立的,这是一个基于互联网的开源支付协议,实现去中心化支付与清算功能,主要是在全球统一网络金融传输协议取代传统环球同业银行金融电讯协会网络的跨境转账平台的基础上实现的。在 Ripple 系统里,所有的货币均可以自由兑换,不仅包括各国的法定货币,还包括虚拟货币。Ripple 的跨账本协议实际上是让所有参与方都能看到其链上的账本,如此通过 Ripple 的网络,用户即可完成点到点的跨国支付和结算,整个过程不需要中心机构管理以及第三方介入,结算时间与成本都得到大幅度降低。

2. 区块链与征信

信用一直以来都是影响社会经济资源配置效率的重要因素。实现征信的一个关键问题在于如何解决各个征信机构的数据共享问题,各个征信机构都需要更多的数据来丰富数据库,但考虑到数据的所有权和安全性征信机构不可能开放各自的平台源数据。

基于区块链的征信系统与现在传统的中心模式征信系统相比有很大的优势。区块链能存储海量的征信数据,信息透明度高、篡改难度大、使用成本低。各个银行能通过加密的形式存储并共享用户的信用状况,用户在申请贷款时不必再去央行申请查询征信,各个机构仅需通过调取征信区块链上的相对应信息即可完成征信工作。

区块链技术为征信难题提供了一种全新的解决方案。通过征信区块链可以几乎无限制地分享和信任数据,同时很大程度上解决了虚假数据问题,这样数据的收集、处理和使用更为高效、便捷,成本也更为低廉,从而大幅度降低征信的数据处理成本和自动化运维成本。而且,智能合约全过程的自动化运行和管理也降低了人工与柜台等实体的运营成本,扩大了银行信用业务的处理规模。

征信区块链不仅大幅度提高征信的公信力使全网的征信信息不可进行篡改,还显著地降低了征信成本,提供了多维度的精准大数据,为互联网征信的发展提供了新的方向。

3. 区块链与股权众筹

股权众筹是经济领域中的一种重要业务形态,根据国际证监会组织的定义,股权众筹是指通过互联网技术,从个人投资者或投资机构获取资金,充当股本金投入融资企业的金融活动,其主体包括融资方、投资方、众筹平台三个要素。而区块链技术的出现,也给股权众筹带来了新的活力。

首先,通过区块链技术,股权众筹项目的信息得到最大程度的公开。在区块链中,所有的记录、数据都是公开的,虽然写入信息的用户可以是匿名的,但是写入的数据内容是通过全网节点验证的,因此众筹项目的所有信息对于投资各方都是透明的,并且真实有效,难以被篡改和伪造,用户可用较低成本查询到众筹项目的所有相关信息,一定程度上规避了虚假标的出现,帮助投资者降低投资风险。

其次,区块链技术也有利于提高股权众筹企业的监管。监管机构如果作为一个节点加入众筹平台的区块链中,由于区块链的透明性和可追溯性,监管机构可以准确、及时、低成本的掌握众筹平台的数据,了解每笔交易的实际情况,大大地提高监管效率。如果仍沿用传统的集中统一监管方式,在数据量大增的情况下是难以保证监管的准确性和科学性。

最后,股权众筹与区块链技术的结合还有利于股权的登记与转让。区块链具有降低信用风险的作用,传统的股权登记与交易具备一定的信用风险,股权的等级变更过程也十分繁杂,对股权的所有权记录的维护跟踪也显得较为困难。通过区块链技术进行众筹股权的登记保证了股权登记的安全性和高效性,而且将区块链应用到股权转让流通后,股权的交易需要在参与者使用私钥签名后才能通过验证写入透明、可追溯、不可篡改的区块链,双方的交易风险得到有效的降低。

9.2.3 新型经济体系的影响

区块链技术极大地降低了经济交易中的信任获取成本和数据获取成本。区块链技术将会给经济领域带来以下四个方面的影响。

(1)改变支付体系和架构。区块链技术可让支付结算的底层基础和清算方式发生重大的变革,银行通过建立区块链联盟实现点对点支付,大型区块链支付企业也可能会相应而生。基于区块链的新型经济体系不但会提升支付的效率,降低业务成本,还会对现有的系统做出较大的结构调整,进而从更广、更深层次上改变银行等传统经济系统的业务。

(2)改变信用风险管理模式。与征信相关的个人和企业的经济交易数据、商业信息数据都可以直接部署在区块链上,通过区块链完成的征信工作不仅可以改变现有模式下个人或企业的信用数据的不完整性和不及时性,还可以让征信管理成本得到有效的控制。

(3)提升金融机构的运行效率。区块链通过达成共识实现了"去中心化"的目标,有效提高了经济体系的运作效率,而且交易数据的不可篡改、不可逆的特性也保证了数据的真实性,降低了参与双方的信息不对称程度。同时,区块链与数据整合的高度契合,也大大降低了行业间数据采集的成本,提高了数据分析的资料。因此在区块链技术的支撑下,新型经济体系将大幅度提高金融机构的运行效率。

(4)弱化第三方平台功能。由于新型经济体系中区块链技术的去中心化特性,必然会一定程度上弱化第三方支付平台的功能,使第三方支付平台的资金监管职能被区块链的智能合约取代。

目前,国际上已经建立了区块链联盟组织,以 R3 区块链联盟为例,它旨在加强各个成员之间对于区块链技术在经济领域的应用交流。

思 考 题

(1)资产数字化是什么,它有什么意义?
(2)简述区块链在资产流动数字化中的主要应用点。
(3)管理流程数字化主要是应用区块链中的那个技术?
(4)新型经济体系有什么要求?
(5)区块链技术应用于跨境支付有什么优势?
(6)新型经济体系带来了怎样的影响?

参考文献

[1] 黄振东.从零开始学区块链:数字货币与互联网金融新格局[M].北京:清华大学出版社,2017.

[2] 邹均.区块链技术指南[M].北京:机械工业出版社,2016.

[3] Roger Wattenhofer.区块链核心算法解析[M].北京:机械工业出版社,2017.

[4] 龚鸣.区块链社会[M].北京:中信出版社,2016.

[5] 唐文剑.区块链将如何重新定义世界[M].北京:机械工业出版社,2016.

[6] Arvind Narayanan.区块链:技术驱动金融[M].北京:中信出版社,2016.

[7] 长铗,韩锋.区块链:从数字货币到信用社会[M].北京:中信工业出版社,2016.

[8] 杨保华,陈昌.区块链原理、设计与应用[M].北京:机械工业出版社,2017.

[9] 周沙,武源文,赵国栋,刘文献.区块链与大数据:打造智能经济[M].北京:人民邮电出版社,2017.

[10] 赵刚.区块链:价值互联网的基石[M].北京:电子工业出版社,2016.

[11] Brian Kelly.数字货币时代:区块链技术的应用与未来[M].北京:中国人民大学出版社,2017.

[12] 申屠青春.区块链开发指南[M].北京:机械工业出版社,2017.

[13] 蔡亮,李启雷,梁秀波.区块链技术进阶与实战[M].北京:人民邮电出版社,2018.

[14] 蒋勇.白话区块链[M].北京:机械出版社,2017.

[15] Paul Vigna.加密货币:虚拟货币如何挑战全球经济秩序[M].北京:人民邮电出版社,2015.

[16] Melanie Swan.区块链[M].北京:新星出版社,2016.

[17] 谭磊,陈刚.区块链 2.0[M].北京:电子工业出版社,2016.

[18] 黄步添,蔡亮.区块链解密:构建基于信用的下一代互联网[M].北京:清华大学出版社,2016.

[19] 袁勇,王飞跃.区块链技术发展现状与展望[J].自动化学报,2016,42(4):481-494.

[20] 林晓轩.区块链技术在金融业的应用[J].中国金融,2016(8):17-18.

[21] 张宁,王毅,康重庆,等.能源互联网中的区块链技术:研究框架与典型应用初探[J].中国电机工程学报,2016,36(15):4011-4022.

[22] 张波.国外区块链技术的运用情况及相关启示[J].金融科技时代,2016(5):35-38.

[23] 林小驰,胡叶倩雯.关于区块链技术的研究综述[J].金融市场研究,2016(2):97-109.

[24] 张苑.区块链技术对我国金融业发展的影响研究[J].国际金融,2016(5):41-45.

[25] 沈鑫,裴庆祺,刘雪峰.区块链技术综述[J].网络与信息安全学报,2016,2(11).

[26] 孙建钢.区块链技术发展前瞻[J].中国金融,2016(8):23-24.

[27] 何广锋,黄未晞.区块链技术本质以及对金融业的影响[J].清华金融评论,2016(4):102-106.

[28] 谢辉,王健.区块链技术及其应用研究[J].信息网络安全,2016(9):192-195.

[29] 吴健,高力,朱静宁.基于区块链技术的数字版权保护[J].广播电视信息,2016(7):60-62.

[30] 王焯,汪川.区块链技术:内涵、应用及其对金融业的重塑[J].新金融,2016(10):57-62.

[31] 姜奇平.区块链与货币哲学的发展[J].中国信息化,2016(4):70-71.

[32] 朱岩,甘国华,邓迪,等.区块链关键技术中的安全性研究[J].信息安全研究,2016,2(12):1090-1097.

[33] 何蒲,于戈,张岩峰,等.区块链技术与应用前瞻综述[J].计算机科学,2017,44(4):1-7.

[34] 骆慧勇.区块链技术原理与应用价值[J].金融纵横,2016(7):33-37.

[35] 张健.区块链技术的核心、发展与未来[J].清华金融评论,2016(5):33-35.

[36] 张嘉洺.电子货币系统研究及比特币挖矿优化[D].吉林大学,2015.

[37] 陈雷,王文国.基于SHA256散列算法的比特币挖矿优化研究[J].信息技术与信息化,2015(10):158-159.

[38] 张成成.区块链典型挖矿算法分析[J].数字技术与应用,2017(10):108-110.

[39] 王一飞.P2P网络系统中安全问题的研究[J].电脑知识与技术,2017,13(15):31-32.

[40] 伍旭川,刘学.The DAO被攻击事件分析与思考[J].金融纵横,2016(7):19-24.

[41] 曹锋. 从"脱欧"与"惊世 DAO 窃"谈区块链——论共识、分叉、去中心化与安全[J]. 当代金融家, 2016(8): 93-96.

[42] López-Fuentes F D A, Eugui-De-Alba I, Ortíz-Ruiz O M. Evaluating P2P Networks against Eclipse Attacks[J]. Procedia Technology, 2012(3): 61-68.

[43] Heilman E, Kendler A, Zohar A, et al. Eclipse attacks on Bitcoin's peer-to-peer network[C]//Usenix Conference on Security Symposium. USENIX Association, 2015: 129-144.

[44] Dinh T T A, Wang J, Chen G, et al. BLOCKBENCH: A Framework for Analyzing Private Blockchains[J]. 2017.

[45] Kosba A, Miller A, Shi E, et al. Hawk: The Blockchain Model of Cryptography and Privacy-Preserving Smart Contracts[C]//Security and Privacy. IEEE, 2016: 839-858.

[46] Christidis K, Devetsikiotis M. Blockchains and Smart Contracts for the Internet of Things[J]. IEEE Access, 2016, 4: 2292-2303.

[47] Gervais A, Karame G O, Glykantzis V, et al. On the Security and Performance of Proof of Work Blockchains[C]//ACM Sigsac Conference on Computer and Communications Security. ACM, 2016: 3-16.

[48] Neudecker T, Andelfinger P, Hartenstein H. A simulation model for analysis of attacks on the Bitcoin peer-to-peer network[C]//Ifip/ieee International Symposium on Integrated Network Management. IEEE, 2015: 1327-1332.

[49] Nayak K, Kumar S, Miller A, et al. Stubborn Mining: Generalizing Selfish Mining and Combining with an Eclipse Attack[C]//European Symposium on Security and Privacy. IEEE, 2016: 305-320.

附录　　英文缩略语

A
API	Application Programming Interface	应用程序编程接口
ASIC	Application-Specific Integrated Circuit	专用集成电路

B
BEC	Beauty Ecosystem Coin	美链币
BGP	Border Gateway Protocol	边界网关协议
BFT	Byzantine Fault Tolerance	拜占庭容错技术
BTC	BitCoin	比特币

C
CA	Certificate Account	合约账户
CPU	Central Processing Unit	中央处理器
CVE	Common Vulnerabilities & Exposures	公共漏洞和暴露

D
Dapp	Decentralized application	去中心化应用
DAC	Decentralized Autonomous Corporation	去中心化自治公司
DAO	Decentralized Autonomous Organization	去中心化自治组织
DAS	Decentralized Autonomous Society	去中心化自治社会
DDoS	Distributed Denial of Service	分布式拒绝服务
DoS	Denial of Service	拒绝服务
DPoS	Delegated Proof of Stake	股权委托证明机制

E
ECC	Elliptic Curve Cryptography	椭圆曲线加密算法
ECDSA	Elliptic Curve Digital Signature Algorithm	椭圆曲线数字签名算法
EOA	Externally Owned Account	外部持有账户
ETC	Ethereum Classic	以太坊经典
ETH	Ethereum	以太币
EVM	Enthereum Virtual Machine	以太坊虚拟机

G
GPU	Graphics Processing Unit	图形处理器

I

IEEE	Institute of Electrical and Electronics Engineers	电气与电子工程师协会
IPO	Initial Public Offerings	首次公开募股
ISP	Internet Service Provider	互联网服务提供商

N

NIST	National Institute of Standards and Technology	美国国家标准与技术研究院

P

P2P	Peer-to-Peer	对等
PGP	Pretty Good Privacy	一种邮件加密算法
PKI	Public Key Infrastructure	公钥基础设施
PoS	Proof of Stake	权益证明机制
PoW	Proof of Work	工作量证明机制
PPLNS	Pay Per Last N Shares	依据过去的 N 个股份支付收益
PPS	Pay-Per share	立即支付收益

R

RPoW	Repeated Proof of Stake	可重复使用的工作量证明机制

S

SSSS	Shamir's Secret Sharing Scheme	沙米尔秘密共享方案

T

TCP	Transmission Control Protocol	传输控制协议

U

UNL	Unique Node List	特殊节点列表
UTXO	Unspent Transaction Output	未花费交易输出

V

VC	Venture Capital	风险投资基金